평강의 주께서

친히

때마다 일마다

평강을 주시기를 기도하며

특별히

_____님께

드립니다.

성탄을 준비하셨습니까?

이동원 목사 지음

도서출판 **나침반社**

성탄을 준비하셨습니까?

친구여!
성탄을 준비하셨습니까?
꿈 많은 어린 시절 우리는 설레임으로
성탄을 기다리며 준비했습니다.
그러나 성숙한 성인의 계절
우리는 오히려 꿈을 잃어
성탄의 의미마저 잃은 것은 아닌지요?

아, 흰 눈을 기다리며
썰매 타고 오실 산타 대신
다시 사신 주, 다시 오실 주,
그분을 기다리는 참된 원(願)을 위하여
첫번 크리스마스를 준비한 이들의
영혼을 만나고 싶었습니다.

친구여!
성탄을 준비하셨습니까?

이동원

차례

제 1 부

성탄의 준비

1

누가복음 1장 26~56절

마리아의 성탄 준비

천사는 예수님의 탄생을 요셉에게도 예고했고 마리아에게도 예고했습니다. 그런데 그 순서를 보자면 마리아에게가 먼저입니다. 본문은 마리아가 이 사건을 어떻게 수용하면서 주님의 탄생을 준비하는지 보여 주고 있습니다.

마리아에 대한 두 가지 극단적 태도

제가 마리아에 대해서 다룰 때마다 지적하는 점인데, 사람들 사이에는 마리아에 대한 두 가지 상반된 자세가 있는 것을 볼 수 있습니다. 어떤 사람들은 마리아를 너무 높이고 또 어떤 사람들은 마리아에 대해서 너무 무관심합니다. 일반적으로 카톨릭은 전자에 속하는 경향이 있고, 개신교는 후자에 속하는 경향이 있습니다.

카톨릭에서는 마리아를 하나님의 어머니라고 하기도 합니다. 사실 그 말이 절대로 틀린 말은 아닙니다. 왜냐하면 예수님이 마리아의 아들인 것이 사실이고 또 그분이 하나님이신 것이 사실이므로, 마리아는 하나님의 어머니라는 말이 논리적으로 맞기 때문입니다. 그러나 마리아가 예수님의 어머니가 되셨다는 것은, 인간으로 탄생하기 위해서 이 땅에 오신 예수님의 어머니가 되셨다는 말이지 영원 전부터 계시는 하나님의 어머니라는 말은 아닙니다.

카톨릭에서는 또 마리아에게 영원한 동정녀라는 칭호를 씁니다. 즉, 마리아는 예수님을 잉태한 후에 다시는 남자와 관계를 갖지 않고 동정의 삶을 평생 동안 살았다는 이야기입니다.

또 마리아가 승천했다는 주장도 합니다. 카톨릭의 문서를 읽는다든지 그림이나 조각을 본다든지 하면, 마리아의 승천에 관한 사건들이 상당히 많이 다루어지고 있음을 알 수 있습니다. 성경에는 마리아의 승천에 관한 기록은 전혀 없습니다. 지나치게 마리아를 높이다 보니까 그러한 비성경적이고 우상 숭배적인 경향을 띠는 교리들이 등장했다고 볼 수 있습니다.

사실상 카톨릭에서는 마리아가 중보자가 되어 있고, 예수님과 더불어 구세주적인 위치에 놓여 있다고 해도 지나친 말이 아닙니다.

마리아에 대한 카톨릭의 경향들을 좀더 읽다 보면, 나중에는 예수님보다 마리아가 더 높은 위치에 있는 것 같다는 인상마저 받을 정도입니다. 그러나 우리가 다른 성경의 기사를 의존하지 않고 본문의 기사만 본다 할지라도, 결코 마리아가 예수님보다 높여질 수 없다는 것을 쉽게 발견하게 됩니다. 가브리엘 천사가 마리아에게 메시야의 잉태를 예고하면서 하는 말씀을 보십시오.
"보라 네가 수태하여 아들을 낳으리니 그 이름을 예수라 하라 저가 큰 자가 되고 지극히 높으신 이의 아들이라 일컬을 것이요…"(31, 32절).

이 구절에서 볼 때 천사의 계시의 초점은 예수님입니다. 결코 예수님을 잉태하고 세상에 내어보내는 수단으로 사용되었던 마리아라는 여인이 초점이 아닙니다. 그러므로 마리아를 예수님과 동등하게 혹은 그 이상으로 높이는 것은 옳지 않습니다.

이러한 카톨릭의 경향과는 반대로 마리아라는 여인에 관해서 전혀 무관심한 태도는 어떻습니까? 사실상 개신교에는 마리아에 대한 카톨릭의 우상 숭배적 경향을 경계한 나머지, 마리아에게 부여해야 할 당연한 위치마저 부여하지 않는 경향이 있다고 말할 수 있습니다.

그럼, 본문의 전후에 나타난 사건을 통해서 성경 기자는 마리아를 어떻게 묘사하고 있는지 살펴보기로 합시다.

성경에 묘사된 마리아

첫째/여자 중에 복이 있는 자(42절)

"큰 소리로 불러 가로되 「여자 중에 네가 복이 있으며」 네 태중의 아이도 복이 있도다."

이 말씀은 침례(세례) 요한의 어머니 엘리사벳이 성령의 충만함을 입고 한 이야기입니다. 41절을 보십시오.

"엘리사벳이 마리아의 문안함을 들으매 아이가 복중에서 뛰노는지라 엘리사벳이 성령의 충만함을 입어."

이것은 성령이 충만한 상태에서 전해진 멧세지이므로, 우리는 그것을 성령의 음성으로 받아들일 수 있습니다. 이 구절을 주목해서 보십시오. 마리아를 가리켜 "여자 중에 복이 있다"고 말했을 뿐 "여자들 가운데 아주 위에 있는 여자"라고 말하지 않았습니다. 즉, 카톨릭이 주장하는 만큼 특별한 위치를 부여할 만한 여자는 아니라는 이야기입니다. 그러나 특별한 의미에서 축복을 받는 여성임에는 틀림없습니다.

둘째/주(主)의 모친(43절)

"내 「주(主)의 모친」이 내게 나아오니 이 어찌 된 일인고."
엘리사벳과 마리아는 친척 관계입니다. 사실 거창한 표현을 사용할
만한 관계가 전혀 아닌데도, 엘리사벳은 마리아가 나아오는 모습을
보면서 성령에 충만하여 "내 주의 모친이 내게 나온다"고 외칩니
다. 여기에서 우리가 알 수 있는 것은, 성경 자체에서도 마리아에게
당연히 표해야 할 존경은 표하고 있다는 점입니다.

셋째/만세에 복이 있다 일컬음을 받을 자(48절)

"그 계집종의 비천함을 돌아보셨음이라 보라 이제 후로는 만세에
나를 복이 있다 일컬으리로다."
이 부분은 마리아 자신의 찬양입니다. 이것도 성령의 감동하심을
받은 말씀 가운데 기록되어 있다는 사실로 미루어서 성령의 승인
을 받은 멧세지라고도 말할 수 있습니다. 이 지구가 존재하는 한
영영히 어느 나라, 어느 문화, 어느 종족, 어느 시대를 막론하고 그
녀를 복이 있는 자라고 일컫게 될 것이라는 말씀입니다. 우리가 마
리아에게 신적인 위치를 부여하지 않더라도, 그녀는 우리에게 존경
을 받아 마땅한 여인이라고 말할 수 있습니다.

마리아가 선택된 것에 대한 두 가지 극단적 견해

왜 하필 마리아가 선택되었을까요? 여기에도 두 가지의 상반된 견
해가 존재합니다. 즉, 어떤 사람들은 마리아가 굉장히 훌륭한 여자
이기 때문이라고 주장하고 어떤 사람들은 마리아가 훌륭한가 아닌
가에 상관없이 전적으로 하나님의 은혜 때문이라고 주장합니다.
마리아가 선택받은 것, 그것은 물론 하나님의 은혜라는 사실에서

부터 출발해야 합니다. 그것은 전적으로 하나님의 은혜입니다. 그러므로 마리아가 뛰어나거나 특별하거나 공로가 있거나 대단히 존경을 받을 만한 여인이기 때문에 하나님이 선택하셨다고 보는 것은 합당하지 않습니다. 물론 주님의 어머니가 되었다는 점에서, 하나님의 말씀에 대한 귀한 반응을 보였다는 점에서 그리고 그녀의 삶으로 보아서 우리는 그 여인에게 여러 가지 찬사를 보낼 수 있습니다. 그럼에도 불구하고 마리아의 선택 그 자체는 전적으로 하나님의 은혜라고밖에는 말할 수가 없습니다. 본문에 천사가 나타나서 마리아에게 "은혜를 받은 자여"(28절)라고 말씀하는 것을 보아도 그 사실을 알 수 있습니다.

『은혜』라는 단어의 뜻은 "받을 자격이 전혀 없는 사람에게 베풀어지는 호의"입니다. 선입견을 가지지 말고 마리아를 생각해 보십시오. 마리아의 나이는 얼마나 되었을까요? 학자에 따라서 13세라고 생각하는 사람도 있지만, 확실히는 모릅니다. 그러나 굉장히 어린 나이인 것은 틀림없습니다. 본문이 시작되는 부분을 보십시오. "여섯째 달에 천사 가브리엘이 하나님의 보내심을 받들어「갈릴리 나사렛이란 동네에 가서」다윗의 자손 요셉이라 하는 사람과 정혼한 처녀에게 이르니 그 처녀의 이름은 마리아라"(26, 27절).

성경은 왜 여인에 대한 기사를 시작하면서 "갈릴리 나사렛이란 동네에 살고 있는 처녀"라는 표현을 사용했을까요? 그냥 나사렛도 아니고 "나사렛이란 동네"라고 씌어 있는 것을 주목해서 보십시오. 왜 이런 표현을 사용하고 있을까요? 그것은 나사렛이 조그맣고 인기도 없으며 대단히 평판이 좋지 않은 마을이기 때문입니다.

인간적으로 생각할 때, 하나님의 아들을 세상에 보내기 위해서 여인을 선택한다면 어디에 사는 여자를 선택할까요? 그 당시 로마도 있었고, 또 이스라엘이라는 나라만 본다 해도 제일 큰 도시인 예루살렘이 있습니다. 이 예루살렘에 지적인 면에서나 문화적인 면에서 훌륭한 여자들이 얼마나 많겠습니까?

하나님이 보내신 가브리엘 천사가 땅으로 내려갈 때, 다른 천사들은 가브리엘이 하나님의 아들 메시야를 탄생시키기 위해서 어디에 사는 누구에게로 가는지 구경을 하고 있었을 것입니다. 가브리엘은 예루살렘을 그냥 넘어갑니다. 예루살렘의 헤롯의 궁전에 들어가는 것도 아니고, 성전으로 들어가는 것도 아니고, 갈릴리 지방으로 갑니다.

이스라엘은 몇 개의 지방으로 나눌 수 있는데, 그 중에서도 가장 천대받는 사람들이 살고 있던 외방 지역이 바로 갈릴리 지역입니다. 갈릴리 하면 우리는 굉장히 아름다운 곳을 연상합니다. 물론 갈릴리 호수는 아름답습니다. 그러나 갈릴리 지역 그 자체는 굉장히 천시받는 사람들이 살고 있는 지역입니다.

마태복음 4장에 보면 예수님이 갈릴리에서부터 사역을 시작하셨음을 알 수 있습니다. 12절 이하를 보십시오.
"예수께서 요한의 잡힘을 들으시고 갈릴리로 물러가셨다가 나사렛을 떠나 스불론과 납달리 지경 해변에 있는 가버나움에 가서 사시니 이는 선지자 이사야로 하신 말씀을 이루려 하심이라 일렀으되 스불론 땅과 납달리 땅과 요단강 저편 해변 길과 「이방의 갈릴리여」"(12~15절).
여기 갈릴리라는 단어 앞에 붙은 "이방의"라는 단어를 주목하십시오. 왜 이방의 갈릴리라고 했는지 생각해 보셨습니까? 엄격하게 말하면, 갈릴리 지방은 팔레스틴 안에 있는 지역이므로 이방이 아닙니다. 그런데 외국의 군대들이 쳐들어올 때 이 갈릴리 지방으로 많이 쳐들어왔다고 합니다. 그래서 갈릴리 사람들이 사마리아 사람과 마찬가지로 국제 결혼을 많이 하게 되었습니다. 이스라엘 사람들은 국제 결혼을 거룩한 백성들의 피를 더럽히는 행위라고 생각했습니다. 그래서 성경에서도 갈릴리를 이방의 갈릴리라고 부르고 있는 것입니다.

가브리엘은 유다 지방도 아닌 갈릴리 지방으로, 그리고 갈릴리 지방에서도 나사렛이란 동네로 내려갔습니다. 어떤 사람들은 그 당시에 나사렛이라는 동네의 인구가 천 명 전후였을 것이라고 말합니다. 아주 조그마한 마을인 것입니다.

그러나 나사렛이라는 동네가 가지고 있는 좋은 점이 하나 있었습니다. 그것은 나사렛이 예루살렘에서 두로, 시돈으로 가는 중요한 길목에 위치한 마을이라는 사실입니다. 그래서 이스라엘을 점령한 로마 군대나 장사를 하는 희랍의 상인들은 반드시 나사렛이란 마을을 통과해야 했습니다. 이렇게 군인이나 상인들이 많이 지나가게 되니까 그 마을이 '개판'이 되어 버린 것입니다. 나다나엘과 같은 사람이 메시야가 나사렛 출신이라는 말을 들었을 때 깜짝 놀라면서 "나사렛에서 무슨 선한 것이 날 수 있겠느냐"라고 말한 것도 바로 이러한 배경에서 나온 것입니다.

하나님께서는 자신의 아들 예수님의 탄생을 위해서 한 여인을 선택하실 때, 유다 지방이 아니라 갈릴리 지방을 그리고 그 중에서도 제일 좋지 않은 마을을 선택하신 것입니다. 또 그곳에 살고 있는 여인을 선택하실 때도 교육을 많이 받지 못한 그리고 나이도 어린 여인을 선택하셨습니다. 이것은 전적으로 하나님의 은혜인 것입니다.

마리아의 선택이 전적으로 하나님의 은혜인 것은 사실입니다. 그러나 또다른 극단으로 가지는 마십시오. 즉, 마리아가 형편없는 여인이었기 때문에 하나님께서 일부러 그녀를 선택하셨다는 주장을 하기도 하는데 그렇지 않습니다. 하나님이 다윗을 선택하신 것은 하나님의 은혜입니까 다윗의 공로입니까? 하나님의 은혜입니다. 그러나 그것을 반대로 끌고 가서 다윗이 형편없었기 때문에 하나님이 그를 선택했다고 말할 수는 없습니다.

마리아의 선택 그 자체는 전적인 하나님의 은혜이지만, 그럼에도 불구하고 저는 그 여인 안에 칭찬할 만한 아름다운 덕성이 있었다고 믿습니다.

우리가 마리아를 좋게 평가할 수 있는 근거가 될 만한 중요한 성경 구절이 있습니다. 본문에서 "은혜를 받은 자여"라는 말씀이 두 번 등장하는데, 그 의미가 서로 다르게 쓰였습니다. 먼저 28절을 보십시오.
"그에게 들어가 가로되 「은혜를 받은 자여」 평안할지어다 주(主)께서 너와 함께하시는도다 하니."
30절을 보십시오.
"천사가 일러 가로되 마리아여 무서워 말라 네가 하나님께 「은혜를 얻었느니라」."
30절은 마리아가 수동적인 입장에서 은혜를 받은 것처럼 씌어 있지만 사실은 그렇지 않습니다. 대부분의 영어 성경에 보면 "네가 하나님께 은혜를 얻었다"는 말이 "you have found favor with God"로 되어 있습니다. 여기서 "have found"라는 단어에 초점을 맞춰서 보면, 마리아 편에서 하나님의 은혜를 추적한 흔적을 발견하게 됩니다. 저는 마리아가 특별히 훌륭하고 위대한 여성은 아니더라도 하나님을 사랑했던 여인이라고 믿습니다. 그녀는 나사렛이라는 이 더럽혀진 조그마한 시골 마을에서 유난히 하나님을 사랑했던 그리고 하늘에 소망을 두고 메시야를 기다리고 있었던 경건하고 아름다운 여성이었을 것입니다.

마리아의 성탄 준비

이제 마리아가 성탄에 관한 멧세지를 받고 나서 어떻게 반응했는 가를 보겠습니다. 저는 본문에서 성탄을 맞는 마리아의 자세를 다 섯 가지로 생각해 보고자 합니다.

첫째/겸손의 자세

본문 28, 29절에서 천사 가브리엘이 마리아에게 그녀가 하나님께 은혜를 받은 자라는 사실을 통고했을 때 그녀의 반응이 아주 인상 적입니다. 마리아가 만일 좀 교만한 여인이었다면, 다음과 같은 반 응을 보이지 않았을까요?

"그러면 그렇지요. 나를 선택하신 것이 지당합니다."

그러나 마리아는 그런 식으로 반응하지 않았습니다. 29절을 보십시 오.

"처녀가 그 말을 듣고 「놀라」 이런 인사가 어찌함인고 생각하매."

지금 상황은 천사가 아직 아들을 주겠다는 멧세지를 전하지 않 고 단순히 "너는 은혜를 받은 자니라"고만 말한 때입니다. 이때 마 리아는 놀랐다고 했습니다. 왜 그랬을까요? 그 당시 히브리 백성들 의 의식 구조를 바탕으로 해서 볼 때, 하나님이 보내신 천사를 대 하는 것은 최고의 특권이었습니다. 그런데 이 천사가 나타나서 자 기에게 은혜를 입은 자라고 선포하니 마리아는 "내가 그럴 만한 자 격이 있을까요"라는 어떤 황송함 같은 것을 느끼게 된 것입니다. 다시 말해서 마리아는 자신의 모습을 알고 있었던 것입니다.

이제 38절을 보십시오.

"마리아가 가로되 주(主)의 「계집종」이오니…."

여기에서 계집종이라는 낱말은 굉장히 낮은 계급의 여자 하인을 가리키는 단어입니다. 그만큼 마리아는 자기 자신을 낮춰서 겸허한 자리에 두었던 것입니다.

"저는 주님 앞에 말할 수 없이 연약하고 비천한 여인입니다. 종에 불과합니다."

마리아는 이렇게 겸허한 자세로 하나님의 멧세지를 받기 시작했고, 성탄의 어마어마한 소식을 접하기 시작한 것입니다. 이 여인의 겸손함이야말로 하나님의 위대한 멧세지를 받고 또 주님의 귀한 성탄을 기다리는 우리가 가져야 할 마땅한 첫번째 자세라고 생각합니다.

둘째/믿음의 자세

본문 34절을 보십시오.

"마리아가 천사에게 말하되 나는 사내를 알지 못하니 「어찌 이 일이 있으리이까」."

이것은 구체적으로 자신을 통해서 메시야가 잉태되고 탄생할 것이라는 멧세지를 받았을 때의 마리아의 반응입니다. 이것은 "그 일이 어떻게 가능할까요?"라는 질문이지 의심이 아닙니다. 비슷한 표현이 누가복음 1장 18절에도 있습니다.

"사가랴가 천사에게 이르되 「내가 이것을 어떻게 알리요」 내가 늙고 아내도 나이 많으니이다."

이것은 요한의 부모에게 비슷한 사건이 예언되었을 때의 반응입니다. 여기서도 의심을 표현한 것이 아니라 "어떻게"라는 방법을 물은 것으로 보아야 합니다.

이때 천사는 어떤 반응을 보였습니까? 인간의 이성(理性)으로는 얼른 이해할 수 없는 일에 대해 "어떻게"라고 묻고 있는 사람들에게 주께서는 종종 이렇게 대답하십니다. 본문 37절을 보십시오.

"대저 하나님의 모든 말씀은 능치 못하심이 없느니라."

이 말씀은 하나님이 맨 처음 불가능한 잉태를 가능케 하셨을 때 아브라함에게 하셨던 말씀입니다. 무(無)에서 유(有)를 창조하신 전능하신 하나님이 간섭하신다면 그 일이 불가능하겠습니까? 가능합니다.

38절의 마리아의 반응을 보십시오.

"마리아가 가로되 주(主)의 계집종이오니 말씀대로 내게 이루어지이다 하매 천사가 떠나가니라."

이 구절로 미루어 보아서, 앞에 던졌던 질문은 절대로 의심에서 나온 것이 아니었습니다. 마리아는 이 말씀을 받아들이기를 원했습니다. 다만 어떻게 그것이 가능한지 물었던 것입니다. 하나님은 "어떻게"라는 물음에 대한 답을 주시지 않았습니다. 그것은 영원한 신비일지도 모릅니다.

계속되는 멧세지를 읽어 보십시오. 45절입니다.

"「믿은 여자」에게 복이 있도다 주(主)께서 그에게 하신 말씀이 반드시 이루리라."

마리아는 자기에게 베풀어진 말씀을 믿었고 또 그 말씀이 증거한 메시야가 자기를 통해서 탄생하게 되리라는 사실도 믿었습니다. 그 믿음에 대한 좀더 명확한 증거는 46절 이하에 나오는 마리아의 찬양에 기록되어 있습니다.

"마리아가 가로되 내 영혼이 주(主)를 찬양하며 내 마음이 하나님 내 구주를 기뻐하였음은"(46, 47절).

우리는 여기에서 마리아가 그리스도를 자기의 구세주와 주님으로 믿고 신뢰한 증거를 볼 수 있습니다. 마리아는 하나님의 말씀을 믿었고, 그 말씀이 증거한 예수 그리스도를 믿었습니다. 그녀는 이 믿음으로 자기를 통해서 이 세상에 영광스럽게 나타나실 메시야를 기다리고 있었던 것입니다.

셋째/ 순종의 자세

"마리아가 가로되 주(主)의 계집종이오니 「말씀대로」 내게 이루어
지이다…"
이것은 믿음의 수락일 뿐 아니라 한 걸음 더 나아가서 순종입니다.
"원하시면 저를 사용하실 수 있습니다. 제가 그 말씀 앞에 순종하
겠습니다."
　지금은 우리가 이 사건을 쉽게 말합니다. 그러나 그때의 상황으
로 돌아가 마리아의 입장에서 생각해 보면, 이 순종은 굉장히 값비
싼 대가를 치를 각오를 수반하고 있다는 것을 알 수 있습니다. 마
리아가 말씀에 순종하여 잉태를 하게 됨으로써 받아야 했던 그 많
은 수모를 생각해 보십시오. 아직 결혼이 성립되지 않은 상태에서
여자가 아기를 가졌다는 소문이 떠돌게 될 때 자신이 겪게 될 수모
를 마리아가 왜 생각하지 않았겠습니까? 그 당시의 법에 의하면 죽
임을 당할 수도 있었습니다. 그러므로 이 순종은 죽음까지도 각오
한 순종인 것입니다.

　누가복음 2장 34절 이하에 기록된 시므온의 예언을 생각할 때,
마리아의 순종은 우리에게 더욱 감동적으로 다가옵니다.
"시므온이 저희에게 축복하고 그 모친·마리아에게 일러 가로되 보
라 이 아이는 이스라엘 중 많은 사람의 패하고 흥함을 위하며 비방
을 받는 표적 되기 위하여 세움을 입었고 또 「칼이 네 마음을 찌르
듯 하리라…」"(34, 35 절).
　이것이 무슨 이야기입니까? 칼로 찌르는 듯한 아픔과 고통을 겪
으면서 살아야 했던 마리아의 삶을 생각해 보십시오. 잉태한 그 순
간부터 수많은 사람들의 따가운 눈총을 의식하면서 살아야 했고,
사랑하는 아들이 십자가에 달리는 광경을 직접 보아야 했던 마리
아의 삶을 생각하면서 이 말씀을 읽어 보십시오. 이 순종은 고난을
각오한, 죽음까지도 각오한 순종이었습니다. 우리는 어떻습니까? 우
리는 말씀에 순종하면 나에게 어떤 결과가 돌아올 것인가를 생각

합니다. 마리아 앞에서 우리는 부끄러워해야 할 사람들입니다. 순종의 대가가 죽음이라 할지라도 그것을 기쁘게 받아들이기를 원했던 이 여인의 각오를 주목하십시오.

넷째/헌신의 자세
헌신이라는 말은 앞에서 다룬 순종의 자세와 깊은 관련을 맺고 있습니다. 이것은 하나님께서 사용하시도록 자신의 몸을 그분께 내어 놓는 것입니다. 우선 그녀는 자신의 몸을 하나님이 사용하시는 도구로 드렸습니다. 34절에서 마리아가 "어떻게 이 일이 가능하겠느냐"고 물었을 때 35절에서 천사가 조금 이야기합니다.
"천사가 대답하여 가로되 성령이 네게 임하시고 지극히 높으신 이의 능력이 너를 「덮으시리니…」"

"덮는다"는 단어가 중요합니다. 이것은 본래 구약의 장막(성막)에 사용되던 용어입니다. 즉, 장막이 세워진 다음에 그 위에 하나님의 임재를 상징하는 구름(쉐키나)이 덮일 때 그것을 가리켰던 것입니다. 그러므로 35절의 말씀은 하나님의 임재를 상징하는 구름이 장막에 덮이듯 성령의 능력이 마리아에게 덮일 것이라는 이야기입니다. 하나님께서는 메시야를 세상에 태어나게 하시기 위해서 시험관처럼 마리아를 사용하신 것입니다.

하나님은 우리의 자유로운 의지를 꺾어 가면서까지 순종을 요구하시지는 않습니다. 주께서는 우리 스스로 이 순종을 주 앞에 드릴 것을 요구하십니다.
"주님, 원하시면 저를 사용하실 수 있습니다."

마리아는 몸만 드린 것이 아닙니다. 46절 이하를 다시 보십시오.
"마리아가 가로되 내 「영혼」이 주(主)를 찬양하며 내 「마음」이 하나님 내 구주를 기뻐하였음은"(46, 47절).

잉태 사건이 고통과 어려움을 가져다 주리라는 것을 내다보면서도 마리아는 찬양하고 기뻐합니다. 그리고 고백합니다.

"내 영혼이 주(主)를 찬양하며 내 마음이 하나님 내 구주를 기뻐하나이다."

이것은 이 여인의 영혼이 얼마나 주님 앞에 순결하게 바쳐지고 있는가를 잘 나타내 주고 있습니다. 자기의 몸과 마음과 영혼을 주님 앞에 온전히 헌신했던 이 여인의 자세를 주목해 보십시오. 마리아는 철저한 헌신의 자세로 성탄을 기다리고 있었던 것입니다.

다섯째 / 찬양의 자세

46절이 바로 마리아의 찬양입니다. 이것은 굉장히 유명한 찬양으로, "마리아가 가로되"라는 말씀으로 시작하지만, 그것은 그냥 말로 한 것이 아니라 일종의 노래입니다. 우리는 노래를 통해서, 마리아가 자기를 통해서 나타나실 그 메시야를 얼마나 기다리고 있는가를 보게 됩니다. 그리고 이 노래에는 메시야에 대한 기다림 뿐만 아니라 메시야가 오셔서 행하실 사역에 대한 기다림까지도 포함되어 있습니다. 메시야가 오셔서 우리를 구원하실 것과 가난하고 눌린 사람들을 사랑하시며 그들을 위해서 하나님의 아름다운 일을 펼쳐 주실 것을 기다리는 것입니다. 구원의 주님으로 또 사랑의 주님으로 오셔서 우리를 도우실 그 놀라우신 분의 아름다우신 사역을 기다리는 마리아의 찬미, 이 찬양의 자세야말로 우리에게 주님을 기다리는 마리아의 마음을 이해하게 해 줍니다.

왜 마리아는 주님이 자기를 통해서 나타나기를 기다렸을까요? 모든 히브리 사람들에게는 메시야 대망 사상이 있었습니다. 그래서 메시야가 오시면 이러이러한 일을 할 것이라는 믿음을 갖게 된 것입니다.

"드디어 그 메시야가 나를 통해서 오신다. 오시옵소서, 메시야여. 구원을 나타내시고, 가난하고 눌린 사람들을 사랑하시며, 그들을 위해서 위대한 역사를 행하실 주님을 제가 기다립니다."

　찬양은 단순한 어떤 분위기가 아닙니다. 찬양하는 일뿐 아니라 하나님이 원하시는 일을 얼마나 열심히 하느냐도 중요합니다. 진정한 찬양은 그 멧세지와 연결이 되어야 합니다. 내가 찬양한 그 주님, 내가 높인 그 주님을 위하여 나는 얼마나 헌신할 수 있는가까지 생각해야 하는 것입니다. 그리고 보면 마리아의 찬양은 우리에게 얼마나 엄청난 도전을 주고 있습니까? 마리아는 이 찬양의 자세로 주님을 기다렸습니다.

　우리도 주님이 이 땅에 오신 의미를 묵상하는 이 계절에, 마리아에게서 성탄을 기다리는 자세를 배우고 싶습니다. 전체적으로 다섯 가지 자세를 강조했습니다. 겸손의 자세, 믿음의 자세, 순종의 자세, 헌신의 자세, 찬양의 자세가 그것입니다.
　"하나님, 어리고 연약했지만 아름다웠던 자매, 하나님이 쓰셨던 여인, 주님의 어머니 마리아에게서 아름답고 귀하고 순전하고 청정(淸淨)한 신앙의 자세를 배울 수 있도록 도와주시옵소서."

2

요셉의 성탄 준비

우리는 지금 성탄의 계절을 맞이해서 성탄의 기사가 실려 있는 주님의 말씀을 계속 묵상하고 있습니다. 천사는 마리아에게 뿐만 아니라 요셉에게도 그리스도의 탄생을 예고했습니다. 본문은 천사가 요셉에게 나타나서 메시야의 탄생을 알리는 장면을 기록하고 있습니다.

요셉의 고민

요셉에게 있어서 그리스도의 탄생이 가까워 오고 있다고 사실은 말할 수 없이 당혹스럽고 고통스러운 사건일 수밖에 없었을 것입니다. 왜냐하면 아직까지 한 번도 잠자리를 같이하지 않았던 정혼한 여인이 잉태되었다는 소식을 접했기 때문입니다.

　히브리 사람들은 우리의 약혼에 해당되는 사건을 『키두씽』이라고 부릅니다. 이것은 사실상 약혼이라는 말보다는 정혼이라는 말에 더 가까운 단어라고 생각합니다. 일단 정혼이 이루어지면, 결혼식을 치르지 않았어도 벌써 상대를 남편과 아내로 부를 수가 있었습니다. 그것이 그 당시의 히브리 관습이었습니다. 그들은 『후파』라고 불리는 혼인 예식만 남겨두고 있을 뿐 이미 결혼한 사람이나 마찬가지였습니다. 본문을 주의깊게 살펴보면, 성경이 아직 정혼의 상태에 있는 요셉과 마리아에게 남편 혹은 아내라는 칭호를 사용하고 있다는 사실을 발견할 수 있을 것입니다. 본문 19절을 보십시오. "그 남편 요셉은 …".

요셉을 남편으로 묘사하고 있는 것, 이것은 그 당시 히브리의 사회적 습성으로 미루어 볼 때 타당한 것이었습니다.

마리아가 잉태되었다는 소식은 요셉을 매우 고민스럽게 했습니다. "이 부정한 여인과 결혼을 해야 하는가"라는 질문과 "그래도 그녀는 여전히 내가 사랑하는 여인이 아닌가"라는 생각이 그를 괴롭혔던 것입니다. 만약 요셉이 마리아의 부정을 구실로 그녀와의 단절을 선언한다면, 그것은 마리아에게 말할 수 없는 수치를 당하게 하는 것이었습니다. 뿐만 아니라 그 당시의 유대 관습에 의하면, 그것은 마리아에게 죽음을 의미하는 선언이라고 할 수 있습니다. 구약의 신명기 22장 22절 이하의 말씀을 보십시오.

"남자가 유부녀와 통간함을 보거든 그 통간한 남자와 그 여자를 둘 다 죽여 이스라엘 중에 악을 제할지니라 처녀인 여자가 남자와 약혼한 후에 어떤 남자가 그를 성읍 중에서 만나 통간하면 너희는 그들을 둘 다 성읍 문으로 끌어내고 그들을 돌로 쳐 죽일 것이니…" (22, 23절).

요셉이 마리아와의 단절을 선언한다는 것은 이렇듯 마리아에게 죽음을 의미하는 것이었기 때문에 요셉의 고민이 더 클 수밖에 없었던 것입니다. 이 고민 속에서 요셉이 취한 행동을 통해서 우리는 요셉의 인격을 볼 수가 있습니다.

요셉의 인격

본문에는 요셉의 인격이 두 가지 이미지로 부각되고 있습니다.

첫째/의로운 사람

19절을 다시 보십시오.

"그 남편 요셉은 의로운 사람이라…"

요셉이 도덕적으로 의로운 사람이었다는 것입니다. 요셉은 의(義)를 사모하고 추구해 온 자신의 삶에 비추어 볼 때 도무지 마리아의 잉태 사건을 용납할 수 없었을 것입니다. 그래서 19절 하반절을 이렇게 말합니다.

"저를 드러내지 아니하고 가만히 끊고자 하여."

요셉은 자기의 의를 실현하는 과정에서도 어떻게 해서든 사랑했던 여인에게 저주나 죽음이 초래되지 않도록 합니다. 요셉은 공개적으로 드러내지 아니하고 어떻게 하면 그 관계를 단절시킬 수 있을까 하고 고민을 했던 것입니다. 여기서 우리는 마리아를 향한 요셉의 애정과 사랑을 발견하게 됩니다.

둘째/사랑할 줄 아는 사람

요셉이 마리아를 정죄의 자리에 내어 주었다고 할지라도 아무도 요셉을 비난하지는 않았을 것입니다. 그러나 만약 그렇게 했더라면, 요셉이 하나님의 사람다운 모습을 드러냈다고 생각할 수는 없을 것입니다.

우리는 성경을 통해서 어느 시대, 어느 역사, 어느 사건 속에서나 하나님께서 두 가지 속성을 우리에게 계시하고 있다는 것을 알 수 있습니다. 그 속성이란 바로 공의와 사랑입니다.

하나님의 공의는 언제나 그분의 사랑과 공존했다는 사실을 잊지 마십시오. 사랑이 없는 공의는 어쩐지 창백하기만 하고 가까이할 수 없는 딱딱한 분위기를 느끼게 합니다. 반면에 의가 없는 사랑은 감상적이고 맹목적인 것이 되기 쉽습니다. 그런데 하나님에게서는 의와 사랑이 놀랍도록 잘 조화를 이룹니다.

우리가 성경의 모든 인물들의 생애를 공부하면서 느낄 수 있는 공통적인 사실 중의 하나는, 참으로 하나님을 사랑했던 사람들의 생애 속에는 의와 사랑이 공존하고 있다는 것입니다. 마리아에게 일어난 일을 놓고 고민하는 요셉의 모습 속에서도 우리는 하나님의 품성을 닮았던 요셉, 즉 참으로 의로웠고 동시에 참으로 사랑할 줄 알았던 요셉을 발견하게 됩니다.

천사의 계시

요셉은 예수님의 양부(養父)입니다. 그러나 하나님이 요셉을 선택한 것은 대단히 적절한 선택이었다고 생각됩니다. 드디어 천사가 요셉에게 나타나서 메시야의 잉태와 탄생을 예고하게 됩니다. 천사가 요셉을 향해서 계시하는 멧세지를 주목해서 보십시오. 20절입니다.

"이 일을 생각할 때에 주(主)의 사자가 현몽(現夢)하여 가로되 …."

꿈을 도구로 해서 계시가 주어진 것입니다. 성경이 기록되기 이전에, 특별히 구약성경에 보면 하나님의 계시의 방편으로서 꿈이 자주 사용되고 있는 것을 볼 수 있습니다. 그리스도인들 가운데 어떤 사람들은 성경에서 그런 예들을 보고는 꿈에 굉장한 가치를 부여하기도 합니다. 저는 하나님께서 지금도 자신의 뜻을 전달하기 위한 도구로써 꿈을 사용하실 수 있다고 믿습니다. 그러나 신약성경을 읽어 보면 꿈이 계시의 도구로 사용된 예가 그리 많지 않다는 것을 알 수 있습니다.

우리가 기록된 말씀으로 구체적인 하나님의 뜻을 분별할 수 있게 된 이후로, 하나님의 멧세지를 전달하기 위한 이런 초자연적인 방편들의 사용은 대단히 희귀해졌습니다. 이 말은 하나님께서 초자연적인 방편들을 사용할 수 없다는 이야기가 아닙니다. 그분은 자신이 원하시면 언제든지 그렇게 하실 수 있습니다.

한 가지 더 유념해야 할 것은, **하나님께서 구약성경에서 꿈을 계시의 도구로 사용하신 경우는 주로 구속사(救贖史)와 관련된 중요한 멧세지들을 전달하실 때였다는 점입니다.** 그러므로 꿈에 지나치게 의미 부여를 한 나머지 꿈을 꾸기만 하면 "이것이 무슨 뜻일까? 이것은 어떤 계시일까?"라는 고민을 하는 것은 성경에서 의도한 바를 넘어서는 일이라고 볼 수 있습니다.

그러나 우리는 본문에서, 하나님께서 구속사와 관련된 아주 중요하고 엄청난 진리를 전달하기 위하여 특별한 방법(꿈을 통한 계시 전달)을 사용하시는 것을 볼 수 있습니다. 본문 20절 이하의 말씀을 보십시오.
"이 일을 생각할 때에 주(主)의 사자(使者)가 현몽하여 가로되 다윗의 자손 요섭아 네 아내 마리아 데려오기를 무서워 말라 저에게 잉태된 자는 성령으로 된 것이라 아들을 낳으리니 이름을 예수라 하라…"(20, 21절).

천사가 요섭에게 멧세지를 전달하고 있는 이 장면에서 우리는 **두 가지 독특한 사실들**을 볼 수 있습니다.

● **요섭의 칭호**
천사는 요섭을 어떻게 부르고 있습니까?
"다윗의 자손 요섭아."
앞 장에서 우리는 이미 마태복음 1장의 첫머리에 나타난 이 족보가 메시야의 족보라는 사실을 살펴보았습니다. 구약성경에 의하면, 그 메시야는 다윗 왕의 보좌를 계승하는 사람들 가운데서 나올 것이라고 했습니다. 그러므로 마태복음의 이 족보는 다윗 왕을 중심으로 한 족보라고도 말할 수 있습니다. 구약에 예언된 그대로 또 이스라엘 백성들이 기대했던 그대로 메시야는 다윗의 후손 중에서 오셨다는 사실을 전달하기 위한 배경으로서 이 족보가 소개되고 있는 것입니다.

요셉이 바로 다윗의 후손입니다. 그러나 이때는 이미 다윗의 왕가라는 것은 다 몰락해 버린 후였습니다. 그러니까 요셉은 몰락한 다윗 왕가의 후예라고 말할 수 있습니다. 사실 요셉은 평범한 서민에 불과했습니다.

이런 요셉을 천사가 "다윗의 자손 요셉아"라고 부른 사실은 굉장히 중요한 의미가 있는 것입니다. 사람들은 더 이상 이 왕가의 혈통을 따져들어가고 싶어하지 않았지만, 하나님은 자신이 구약 시대에 하신 약속을 기억하고 계셨습니다. 그리고 때가 찼을 때, 드디어 하나님은 요셉을 통해서 이 역사를 행하기를 원하신 것입니다. 그리고 "다윗의 자손 요셉아"라고 부르십니다. 우리는 여기에서, 약속을 실현하시려는 하나님의 의지를 발견하게 됩니다.

● **성령의 사역과 말씀의 사역**

성경 전체를 통해서 볼 때, 하나님의 뜻이 인간에게 전달되는 가장 중요한 두 가지 방편이 있다면 그것은 성령과 말씀입니다. 누구든 성령과 말씀에 익숙하지 않는 한, 그리스도인으로서의 신앙 생활을 잘 할 수 없다고 생각합니다. 나와 말씀의 거리 또 나와 성령의 거리는 나와 하나님 사이의 거리를 결정한다고 말해도 지나친 말이 아닙니다.

본문에서는 그리스도의 잉태와 탄생이 그냥 인간적으로 되어진 것이 아니라 성령의 사역이라는 것과 하나님의 말씀에 근거한 사역이라는 것을 힘주어 강조하고 있습니다. 20절에 보면 "…저에게 잉태된 자는 「성령」으로 된 것이라"고 말씀합니다. 성경 원문에 보면 "성령으로"라는 단어가 대단히 강조적인 의미로 쓰였습니다. 이것은 자연적 잉태가 아닌 초자연적인 하나님의 기적이라는 사실을 강조하기 위한 것입니다. 그런가 하면 22절에는 "이 모든 일의 된 것은 주(主)께서 선지자로 하신 「말씀」을 이루려 하심이니…"라고 되어 있습니다.

성령과 말씀은 하나님의 사역의 두 개의 수레바퀴라고 말할 수 있습니다. 하나님의 뜻을 전달하기 위한 가장 객관적인 도구는 바로 말씀입니다. 이 말씀처럼 확실한 것이 없습니다. 우리는 말씀을 통해서 주님의 분명한 뜻을 알 수 있고 주님의 분명한 음성을 들을 수 있습니다. 그런가 하면 주관적으로 내 안에 임재하시며, 내 심령의 깊은 곳에서 내 전 인격을 통하여 나를 움직이시고 나에게 확신을 주시는 분은 바로 성령이십니다.

천사는 예수님의 잉태와 탄생에 있어서도 동일하게 말씀의 사역과 성령의 사역이 적용된다는 점을 강조하고 있는 것입니다.

"선지자로 하신 말씀을 이루려 하심이니."
사복음서 가운데서 이 표현이 가장 많이, 두드러지게 나타나는 복음서가 바로 마태복음입니다. 예를 들어 2장 15절을 보십시오.
"헤롯이 죽기까지 거기 있었으니 이는 주(主)께서 선지자로 말씀하신바 애굽에서 내 아들을 불렀다 함을 이루려 하심이니라."
구약의 예언을 성취하시기 위해서 그분은 애굽으로 가셔야 했고, 또 애굽 땅에서 머물러 계셨던 것입니다. 또 2장 17,18절을 보십시오.
"이에 선지자 예레미야로 말씀하신바 라마에서 슬퍼하며 크게 통곡하는 소리가 들리니 라헬이 그 자식을 위하여 애곡하는 것이라 그가 자식이 없으므로 위로받기를 거절하였도다 함이 이루어졌느니라."
헤롯이 아이들을 죽인 사건을 이야기하면서 그것이 구약의 예언의 성취라는 사실을 말하는 것입니다.

이 구약의 예언의 성취라는 것이 이 부분에만 나오는 것이 아니라 마태복음 전체를 통해서 계속적으로 되풀이되고 있습니다. 2장 23절을 보십시오.
"나사렛이란 동네에 와서 사니 이는 선지자로 하신 말씀에 나사렛 사람이라 칭하리라 하심을 이루려 함이러라."
헤롯이 죽은 후에 다시 팔레스틴으로 복귀한 예수님의 가족은 나사렛 동네에 가서 살게 되었습니다.

성경이 하나님의 말씀이라는 가장 놀라운 증거 중의 하나는 예언의 성취입니다. 예수님이 태어나시기 오륙백 년 전에 그분의 탄생의 구체적인 정황과 그분의 생애를 둘러싸고 이루어질 많은 일들이 예언되었고 예언된 그대로 성취되었다는 이 놀라운 사실을 우리는 어떻게 설명할 수 있습니까? 성경을 부인하고 성경을 믿지 않는 모든 사람들이 씨름해야 할 가장 중요한 문제 중의 하나가 바로 예언의 성취의 신비입니다. 이것 하나만 보더라도 우리는 성경이 하나님의 말씀이라는 것과 역사를 섭리하시는 하나님의 놀라우신 섭리의 손길을 확인할 수 있습니다.

계시 속에 나타난 메시야의 정체

메시야, 그는 누구인가? 천사의 계시에 나타난 메시야의 칭호는 다음 두 가지입니다.

● 예수

본문 21절을 보십시오.

"아들을 낳으리니 이름을 「예수」라 하라 이는 그가 자기 백성을 저희 죄에서 구원할 자이심이라 하니라."

　예수라는 이름 속에서 우리는 그분의 역할을 알 수 있습니다. 『예수』라는 말의 원래 뜻은 "여호와가 구원하신다"라는 것입니다. 사실 역사상 처음으로 아기 예수님에게 "예수"라는 이름이 주어졌던 것은 아닙니다. 이미 구약 시대에 예수라는 이름을 가진 사람이 굉장히 많았습니다. 대표적으로 여호수아를 들 수 있습니다. 여호수아라는 이름은 발음만 조금 다를 뿐 예수라는 말과 같은 뜻을 가지고 있습니다. 여호수아가 예수라는 말입니다.

　예수님 당시에도 예수라는 이름을 가진 사람들이 많이 있었습니다. 왜 예수라는 이름이 그렇게 많았을까요? 그것은 메시야를 기다리는 사람들 때문에 그렇게 된 것입니다. 즉, 구약에서 메시야의 탄생이 예언된 이후에, 사람들이 그분을 기다리는 마음으로 자녀들에게 예수 혹은 여호수아라는 이름을 붙여 주었던 것입니다.

　그러나 그들이 그토록 기다리던 주인공이 드디어 오신 것입니다. 그 전에도 예수라는 이름을 가진 사람들이 많았지만, 그들은 구원에 대하여 증거하던 그리고 구원을 기다리던 예수들이었고, 이제 이 예수님은 구원 그 자체이신 것입니다. 여기에 굉장한 차이가 있습니다. 구원자 그 자체이신 예수님의 탄생을 알리는 역사적인 순간입니다.

"다윗의 자손 요셉아 네 아내 마리아 데려오기를 무서워 말라 … 아들을 낳으리니 이름을 예수라 하라 이는 그가 자기 백성을 저희 죄에서 구원할 자이심이라"(20, 21절).

● 임마누엘

예수라는 처음의 그 이름은 메시야의 '역할'을 말하는 것입니다. 즉,

자기 백성을 죄에서 구원하는 자라는 의미입니다. 그러나 이제 임마누엘은 그리스도의 진정한 '신분'을 보여 주고 있습니다. 이것은 그분의 신성(神性)에 대한 증언입니다. 그분은 본래 하나님이십니다. 하나님으로서 우리와 함께하기 위해서 찾아오신 분이십니다. 본문 23절을 보십시오.

"보라 처녀가 잉태하여 아들을 낳을 것이요 그 이름은 「임마누엘」이라 하리라 하셨으니 이를 번역한즉 하나님이 우리와 함께 계시다 함이라."

구약의 언약의 백성들에게 가장 영광스러운 체험이 있다면, 그것은 하나님이 함께하는 체험이었습니다. 물론 하나님은 언제나 우리와 함께하십니다. 그러나 평범하게 "주님이 우리와 함께하시지"라는 정도의 고백이 아니라 정말 하나님이 함께한다는 것을 생각해 보십시오. 정말 하나님이 그 놀라우신 영광을 가지고 내 삶의 장(場)에 다가오셔서 나와 함께하신다면 이것은 얼마나 영광스러운 일이겠습니까?

저는 하나님의 「보편적 임재」와 「특별한 임재」를 구별하고 싶습니다. 하나님은 보편적으로 우리의 삶에 임하셔서 우리를 보시고 감찰하시며 함께하신다고 말할 수 있습니다. 그러나 하나님은 특별한 의미에서 하나님의 백성들을 친히 방문하실 수 있습니다. 즉, 어떤 목적을 성취하기 위해서 그리고 중요한 진리를 전달하기 위해서 하나님은 자신의 백성들을 친히 찾아가시는 것입니다.

성전(聖殿)의 의미가 무엇입니까? 성전이 성전인 이유가 무엇입니까? 우리는 지금도 성전을 건축합니다. 그러나 이 세상에 없는 신기한 하늘나라의 재료로 집을 지었기 때문에 그것이 성전인 것은 아닙니다. 성전이 성전일 수 있는 가장 중요한 이유는 그곳에 하나님이 거하시기 때문입니다.

그러면 성전 밖에는 하나님이 안 계시다는 말입니까? 성전 밖에
도 계십니다. 하나님은 어디에든지 다 계십니다. 그러나 성경을 읽
어 보면, 어디든지 계시는 그 하나님은 또한 특별한 장소를 선택하
여, 거기에 특별한 의미로 임재하시고 자신의 영광을 나타내시며
자신의 존재를 나타내기를 원하시는 하나님이시라는 놀라운 사실
을 발견하게 됩니다. 그래서 하나님은 어디에든지 다 계시면서도
에덴 동산이라는 곳을 선택하셔서, 그곳에서 특별한 의미에서 영광
을 나타내셨습니다. 또 솔로몬이 성전을 봉헌하던 그 날, 거기에는
하나님의 영광이 충만했습니다. 이 영광은 성전 밖에도 계신 하나
님이 특별한 의미에서 그곳을 방문하셨다는 것을 나타내 줍니다.
그런 의미에서 하나님의「보편적 임재」라는 말과 하나님의「특별한
임재」라는 말을 구별하고 싶은 것입니다.

당신은 하나님의 특별한 임재를 갈망해 본 적이 있습니까? 물론
하나님은 영적으로 내 곁에 계십니다. 그러나 특별한 의미에서 하
나님이 자신의 영광을 가지고 내게 다가오신다는 사실을 한번 생
각해 보십시오. 이 하나님의 특별한 임재가 나타날 때, 그것이 바로
부흥을 의미하는 것입니다.
이스라엘 백성들은 하나님의 특별한 임재라는 말을 할 때, 제일
먼저 장막(성막)을 연상합니다. 왜냐하면 하나님이 특별한 의미에
서 이 장막에 임재하셨기 때문입니다. 히브리 사람들은 장막이라는
말을『미시칸』이라고 말합니다 이 말은 본래『쇼칸』이라는 말에서
부터 나온 것입니다. 그런데 이「쇼칸」이라는 말은 하나님의 영광
이란 뜻의『쉐키나』라는 단어와 같은 어근을 가졌다고 합니다. 사
실상 하나님의 임재라는 낱말은 이스라엘 백성들에게 하나님의 영
광이라는 말과 동의어입니다. 하나님의 임재는 하나님의 영광을 뜻
합니다.

하나님이 우리에게 다가오실 때에는 어느 정도 자신의 영광을 감추고 다가오십니다. 그분의 영광이 전부 드러나면 우리는 견딜 수가 없습니다. 설 자리가 없는 것입니다. 그러나 이 장막 안에는 신비하게도 하나님의 영광이 가득 나타나 있었습니다. 그 장막 속에 들어갔던 대제사장이나 제사장은 속죄의 제사에 근거하여 자신들의 죄를 속함받은 상태에서, 하나님의 은혜로 그 영광 속에 들어가 하나님의 임재 앞에 설 수 있었습니다. 하나님의 임재가 드러났던 미시칸, 이 장막은 이스라엘 백성들에게 가장 영광스러운 삶의 자리였습니다.

제가 이 말씀을 드리는 이유가 있습니다. 요한복음 1장14절을 보십시오.
"말씀이 육신이 되어 우리 가운데 「거하시매」 우리가 그 영광을 보니 아버지의 독생자의 영광이요 은혜와 진리가 충만하더라."
이 구절에서 '말씀'은 '하나님'을 뜻합니다(1절 참조). 또 '거한다'는 말은 '장막을 친다'라는 뜻입니다. 그러므로 '말씀이 육신이 되어 우리 가운데 거하시매'라는 구절은, 마치 옛날 이스라엘 백성들이 광야 생활을 할 때 하나님께서 그들의 장막 속에 임하셨던 것처럼 이제 그분이 육신을 입고 한 인간 안에 온전히 임하셨다는 의미입니다.

하나님이 자신의 신성(神性)과 영광을 가지고 이 땅에 한 인간의 모습으로 오신 것, 이것은 어마어마한 신비입니다. 이보다 더 놀라운 기적은 없습니다. 그래서 신학자들은 그리스도의 성육신(成肉身) 사건을 가리켜서 기적 중의 기적이라고 말합니다.
온 우주를 창조하신 그 하나님이 육신을 입고 아기의 모습으로 오셨습니다. 그 아기는 우리가 주변에서 보는 수많은 아기와 다릅니다. 이 아기는 육신의 몸으로 오신 하나님이십니다. "임마누엘,"

우리와 함께 계시기 위해서 그 영광스러우신 하나님이 신비하게도 육신을 입고 인간의 몸으로 찾아오신 것입니다. 그분이 바로 예수님입니다. 그리고 이 사건이 바로 성탄의 사건인 것입니다.

요셉의 응답

요셉은 천사를 통해서 이 놀라운 멧세지를 계시받으면서 어떻게 응답했는가?

두 가지로 생각해 볼 수 있습니다.

첫째/순종자 요셉

24절을 보십시오.

"요셉이 잠을 깨어 일어나서 주(主)의 사자의 분부대로 행하여 그 아내를 데려왔으나."

무슨 말입니까? 꿈을 통해서 계시된 하나님의 멧세지 앞에 순종으로 응답했다는 이야기입니다. 그 순종은 여러 가지 고통을 수반하게 됩니다. 만일 마리아의 잉태 사실이 동네에 알려졌다면 어떻게 되었을까요? 남의 말 하기 좋아하는 사람들에 의해서 얼마나 많은 어려움을 당해야만 했겠습니까? 그러나 그 어떤 어려움이 있더라도, 이제 요셉은 이 모든 것을 넘어설 수 있는 준비를 갖추게 되었습니다. 왜냐하면 그는 하나님의 멧세지를 접했기 때문입니다. 이제 요셉에게는 하나님의 말씀 앞에 순종한다는 것 외에는 다른 어떤 것도 관심사가 될 수 없었습니다. 순종으로 성탄을 준비했던 요셉의 모습을 묵상해 보십시오.

둘째/증거자 요셉

25절 보십시오.

"아들을 낳기까지 동침치 아니하더니 낳으매 이름을 예수라 하니라."

이것은 요셉이 자기 아내 마리아를 통해서 메시야가 온다는 그 사실을 얼마나 심각하게 받아들였는지를 보여 주고 있습니다. 아마도 요셉은 이 사건에 대한 증거자가 되기를 원했을 것입니다. 그래서 아기 예수님이 탄생하기까지 동침을 거절했던 것입니다. 카톨릭에서는 이 구절에 근거하여 마리아가 결코 요셉과 동침한 일이 없다는 소위 「영원한 동정녀설」을 주장합니다. 그러나 이것은 성경을 지나치게 해석하는 것입니다. 왜냐하면 본문에 보면 '아들을 낳기까지' 동침하지 않았다고 말씀하고 있기 때문입니다. 그 이후에 마리아와 요셉은 정상적인 부부의 관계를 가졌을 것입니다. 그것을 어떻게 알 수 있습니까? 예수님에게는 형제들이 있었습니다. 카톨릭에서는 이 형제들을 사촌일 것이라고 말하지만, 성경은 사촌이라고도 말한 바가 없습니다. 그냥 형제들이라고 말합니다.

어찌되었든 요셉은 예수님이 탄생하기까지는 마리아와 동침하지 않았습니다. 여기에서 우리는 하나님이 자기 아내 마리아를 통해서 하시고자 하는 그 일에 관한 증거자가 되기를 원했던 요셉의 마음을 읽을 수 있습니다.

성탄을 준비하면서 순종자 요셉과 증거자 요셉의 모습을 기억하고 싶습니다.

"하나님, 하나님이 하시는 그 영광스럽고 놀라운 일을 제가 바라보기를 원합니다."

하나님이 한 여인의 비천한 몸을 빌어서 이 땅에 오신 사건을 생각해 보십시오. 이것은 얼마나 어마어마한 사건입니까? 이것은 인간의 이성(理性)으로는 감히 상상할 수도 없는 놀라운 사건입니다. 하나님은 왜 그렇게 하셨습니까? 우리와 함께 계시기 위해서 그리고 죄에서 우리를 구속(救贖)하시기 위해서입니다. 성탄의 그 사건이 있었기 때문에 오늘날 우리가 죄로부터 구원함을 받고, 주님과 함께하게 된 것을 주님께 감사드립니다.

"예수, 임마누엘! 우리를 죄에서 구속(救贖)하시기 위해서 그리고 우리와 함께 계시기 위해서 한 인간의 몸을 입고 이 땅에 찾아오신 하나님, 우리는 이 어마어마한 신비 앞에 할 말을 잃어버리고 주께 엎드려 우리의 경배를 바칠 뿐입니다. 그리고 우리 안에 찾아오신 이 놀라우신 그리스도를 인하여 주님 앞에 참된 감사를 드리면서, 내게 주어진 인생의 남은 날들을 임마누엘 주님과 더불어 걸어가는 주의 사람이 되길 원하오니 도와주시옵소서."

3

목자들의 성탄 준비

목 자라는 말에서 당신은 어떤 느낌을 받습니까? '양치는 목동들' 하면 평안한 안식과 낭만적이고 목가적인 분위기가 느껴지게 마련입니다. 그러나 예수님 당시 팔레스틴의 목자들의 삶은 그렇게 순탄하지만은 않았습니다. 그들은 평민이었지만 실상은 경제적으로 중류 이하의 천민에 가까운 어려운 생활을 했다는 것을 그 당시의 사회적 정황에 비추어서 알 수 있습니다. 사람들에게 별로 대접받지 못하고 인정받지 못했던 이들 목자들에게 첫번째 크리스마스의 소식이 들려졌다는 사실과 그들이 육신을 입고 이 땅에 찾아오신 그 하나님을 맞이했다는 사실은 실로 우리에게 놀라운 사건이 아닐 수 없습니다.

교회에 오래 출석하신 분들은 목자들의 이야기라고 하면 다 알 것입니다. 그렇기 때문에 우리는 목자들이 주님을 맞이한 사건에 더 이상 의미를 부여하지 않으려는 경향이 있습니다. 그러나 우리에게 잘 알려진 이 본문을 다시 한번 더듬어 생각하면서 목자들이 어떠한 마음가짐과 태도로 첫번째 크리스마스를 맞이했는가를 묵상하는 시간이 되었으면 합니다.

저는 첫번째 크리스마스 사건에 나오는 여러 유형의 사람들 가운데서 가장 믿음으로 성탄을 맞이한 사람들이 바로 이 목자들이었다고 생각합니다. 그리고 그들의 신앙을 보여 주는 본문이 바로 우리가 이번 장에서 보게 될 말씀이라고 생각합니다.

목자들의 믿음

본문 15절을 보십시오.
"천사들이 떠나 하늘로 올라가니 목자가 서로 말하되 이제 베들레헴까지 가서 주께서 우리에게 알리신바 이 이루어진 일을 보자 하고."

본문은 "천사들이 떠나"라는 말씀으로 시작합니다. 이 말씀은 천사들이 아기 예수의 탄생을 알리는 멧세지를 전하고 떠나간 것을 가리킵니다. 11절을 보십시오.
"오늘날 다윗의 동네에 너희를 위하여 구주가 나셨으니 곧 그리스도 주(主)시니라."
그리고 13,14절을 보십시오.
"홀연히 허다한 천군이 그 천사와 함께 있어 하나님을 찬송하여 가로되 지극히 높은 곳에서는 하나님께 영광이요 땅에서는 기뻐하심을 입은 사람들 중에 평화로다 하니라."

크리스마스가 되면 귀가 따갑도록 듣는 멧세지 중의 하나가 "하늘에 영광, 땅에는 평화"라는 내용일 것입니다. 어떤 사람들은 이것을 가지고 시비하기도 합니다.
"이 땅에는 평화라고 했는데 왜 평화가 오지 않습니까?"

그러나 본문은 막연하게 하늘에 영광, 땅에는 평화라고 말하지 않습니다. 우리는 그 구절을 대단히 감상적으로 인용하고 있지만, 14절 말씀을 정확하게 인용하면 "하나님께 영광, 땅에서는 기뻐하심을 입은 사람들 중에 평화"입니다. 즉, 하나님의 기뻐하심을 입고 믿음으로 주 안에 거하고 있는 사람들에게 평화가 있다는 것이지 그냥 땅에 평화가 있으리라는 이야기가 아닙니다. 주님이 오시는 날까지 이 땅에는 전쟁이 계속될 것입니다. 평화에 대한 사람들의 낭만적인 기대에도 불구하고 인간이 부패한 죄성을 버리지 못하고 있는 한, 이 땅에 전쟁은 끝없이 계속될 것입니다. 그러나 전쟁과 분요와 고통의 세상 한복판에서도 누릴 수 있는 평안, 이것이 주께서 우리에게 약속하신 평안입니다.
"땅에서는 기뻐하심을 입은 사람들 중에 평화로다."

다윗의 동네에 그리스도께서 오셨고, 그분으로 말미암아 하나님께는 영광, 땅에서는 기뻐하심을 입은 사람들 중에 평화가 임하게 되었습니다. 천사가 이런 메세지를 전했지만 목자들이 믿지 않으면 그뿐입니다. 이 메세지는 이천 년 동안 수없이 이 지구상에서 전파되고 있지만, 아직까지 많은 사람들이 이 메세지를 안 믿고 있습니다. 설교가 중요하긴 하지만 그것보다 더 중요한 것은 설교가 끝난 후에 사람들이 전파된 메세지에 어떤 반응을 보이는가 하는 것입니다. 다시 말해서 내가 설교를 들었다는 사실이 중요한 것이 아니라 설교를 통해서 나에게 들려온 하나님의 말씀 앞에 내가 어떤 반응을 보이고 있는가라는 점이 훨씬 더 중요한 것입니다.

천사를 통해서 구세주의 탄생의 메세지가 전달되었습니다. 목자들은 이 메세지를 그냥 묵살해 버릴 수도 있었고, 한밤의 꿈처럼 허황된 메세지로 무시해 버릴 수도 있었던 상황입니다. 그러나 15절은 말합니다.

"천사들이 떠나 하늘로 올라가니 목자가 서로 말하되 이제 베들레헴까지 가서 주께서 우리에게 알리신바 이 이루어진 일을 보자 하고."

이 구절은 무엇을 의미합니까? 목자들이 자기들에게 전달되어진 멧세지를 믿었다는 이야기입니다. 아직 그들은 자기들의 눈으로 아기 예수가 탄생하신 것을 보지 못했습니다. 그들은 다만 들려온 멧세지를 믿고, 그 멧세지의 주인공을 만나기 위해서 발걸음을 옮기는 것입니다. 여기에 믿음이 있습니다.

"믿음은 들음에서 나며 들음은 그리스도의 말씀으로 말미암았느니라"(롬 10:17).

그렇습니다. 믿음은 언제나 들음에서 납니다. 나에게 들려온 하나님의 말씀 앞에서 내가 어떻게 반응하는가? 아직 눈으로 본 상황이 아니라 해도, 내게 들려온 하나님의 말씀에 근거하여 하나님이 우리 가운데 행하실 그 놀라운 일을 믿을 수 있는가? 이러한 것으로 우리는 신앙을 측정할 수 있습니다. 그래서 히브리서 기자는 믿음을 이렇게 정의합니다.

"믿음은 바라는 것들의 실상이요 보지 못하는 것들의 증거이니"(히 11:1).

아직 눈으로 보인 바 된 사실이 아니지만 들려온 멧세지에 근거해서 믿는 것, 이것이 신앙의 출발입니다. 우리는 15절에서 목자들의 이 귀한 믿음을 볼 수 있습니다. 천사들이 나타나서 멧세지를 전했다는 사실보다도 그 멧세지를 받아들이고 믿었다는 사실이 더 소중한 것입니다. 여기에 목자들의 믿음이 있습니다.

믿음의 대상에게 우선 순위를 둔 목자들

목자들은 말씀을 믿었을 뿐 아니라 그 믿음의 대상에게 최우선 순위를 두었습니다. 16절을 보십시오.

"빨리 가서 마리아와 요셉과 구유에 누인 아기를 찾아서."

여기에서 인상적인 단어는 "빨리 가서"라는 단어입니다. 하나님의 말씀을 들은 목자들은 이제 그 말씀에 선포된 영광스러운 메시야를 만나고 싶어서 빨리 가야 한다고 고백합니다. 그러나 메시야 되신 이 아기를 보기 위해서는 자기가 하던 모든 일을 제쳐놓아야 했습니다. 말씀을 듣고 구세주에 관한 기대를 건 그 순간부터 목자의 생애에서 가장 중요한 우선 순위는 주님을 만나는 것이 되었습니다. 여기서 우리는 자기들의 믿음의 대상에 관해서 우선 순위를 두고 행동한 목자들의 아름다운 모습을 발견하게 됩니다.

현대인들의 신앙 생활 태도를 가만히 지켜보면, 자기 할 일을 다 하고 마지막에 시간이 남으면 "심심한데 교회에 나가서 예배나 드릴까"라는 생각을 갖고 있는 분들이 없지 않아 있습니다. 또 자기를 위해서 쓸 것을 다 쓰고 남으면 "조금은 드려야지. 체면은 유지해야 할 것 아닌가"라는 생각으로 헌금하는 사람도 있습니다. 이런 모습들 속에서 우리는 얼마나 우리들의 우선 순위가 잘못되어 있는가를 발견하게 됩니다.

목자들은 자기들을 구원할 수 있는 구세주가 오셨다는 것을 믿었습니다. 이것이 사실이라면 얼마나 엄청난 사건입니까? 이제 한 순간도 지체할 수가 없었습니다. 그분을 만나기 위해서 그들은 다른 모든 일을 제쳐놓을 수가 있었습니다. 이제 그들에게는 그분과의 만남, 그분과의 관계가 그들 인생에서 가장 중요한 우선 순위가 되어 버린 것입니다.

그들은 가서 구유에 누인 아기를 보았습니다.

"오늘날 다윗의 동네에 그리스도가 탄생하셨다. 우리 민족을 구원할 수 있는 메시야."

그런데 막상 가서 보니까 변변한 여관에도 들어가지 못하고 구유에 아기가 누워 있는 것이 아닙니까? 그들은 매우 크게 실망했을 수도 있습니다. 그러나 본문에는 적어도 목자들이 실망했다는 흔적은 보이지 않습니다. 이것을 볼 때, 목자들에게는 믿음의 눈이 있지 않았나라는 생각을 하게 됩니다. 눈으로 보이는 것에 의해서 모든 것을 판단하는 그런 가치관을 갖고 살아가는 사람이라면 "이것이 어떻게 메시야일 수 있겠는가"라고 생각했을지 모릅니다. 그러나 하나님께서 멧세지를 전달한 이상, 하나님이 주신 말씀대로 태어난 그 메시야를 자기의 메시야로 받아들이고 믿을 수 있는 믿음의 안목이 이 목자들에게 있었다는 사실이 너무나 소중하고 귀하게만 느껴집니다.

고린도후서 5장 7절을 통해서 신앙의 본질이 무엇인가를 다시 한번 확인하고 싶습니다.
"이는 우리가 믿음으로 행하고 보는 것으로 하지 아니함이로라."
바울은 이 짤막한 구절에서 신앙 생활의 본질이 무엇인가를 우리에게 잘 설명해 주고 있습니다. 그리스도인들은 날마다 무엇으로 살아갑니까? 믿음입니다. 반면에 눈에 보이는 것을 근거로 삼지 않습니다. 목자들은 믿음에 근거해서 행할 수 있는 믿음의 눈이 있었던 것입니다.

믿음을 전하는 목자들

목자들은 말씀을 믿었고 또 그 믿음의 대상에 대해서 가장 중요한 가치를 부여했습니다. 그리고 이제 그 믿음을 전합니다. 이 짤막한 사건 속에서 우리는 실로 믿음의 진수를 다 찾아볼 수 있습니다. 17절을 보십시오.
"보고 천사가 자기들에게 이 아기에 대하여 말한 것을 고하니."

다른 사람들에게 그들이 보고 들은 것을 전달하기 시작했습니다. 그러니까 어쩌면 이들 목자들은 성탄 멧세지에 대한 최초의 전도 자라고 말할 수 있습니다.

목자들이 멧세지를 전할 때, 두 가지 유형의 사람들이 반응을 보였습니다.

첫째/많은 무리들의 반응

18절에 "듣는 자"라고 되어 있는데 이는 일반적인 청중을 가리키는 말이라고 생각할 수 있습니다. 18절을 보십시오.

"듣는 자가 다 목자의 말하는 일을 기이히 여기되."

여기에서 "기이히 여겼다"는 말은, 목자들이 전한 멧세지를 듣고 그냥 신기하다고 느꼈다는 이야기입니다. 헬라어에는 이 문장의 동사가 부정과거형으로 되어 있는데, 이것은 꼭 한 번 그렇게 느꼈다는 말입니다. 이것은 일종의 일시적 호기심이라고 말할 수 있습니다. 그 이상은 없습니다. 이것이 그 당시에 목자들에게 성탄 멧세지를 전해들은 대부분의 사람들의 반응이었습니다. 마치 많은 사람들이 설교 말씀을 접하면서 어떤 감동을 받거나 공감을 하지만 거기에서 끝나는 것과 마찬가지입니다. 그러나 그것은 말씀에 대한 진정한 반응이 아닙니다.

둘째/마리아의 반응

19절을 영어 성경으로 보면 "But"이라는 접속사로 시작되는 것을 알 수 있습니다.

"(그러나) 마리아는…"

우리말은 이 접속사에 대한 개념이 분명하지 않은 경우들이 많지만, 여기서 성경 기자는 두 가지 유형의 반응을 대조적으로 제시하려는 의도를 가지고 있는 것입니다. 대부분의 사람들은 목자들이 말한 것을 그냥 신기하고 이상하게만 생각했지만 마리아는 그렇지 않았다는 것을 보여 주기 위한 접속가 바로 "But"입니다. 19절을 보십시오.

"(그러나) 마리아는 이 모든 말을 마음에 지키어 생각하니라."

　마리아는 목자들의 말에 두 가지로 반응하고 있습니다. 우선 그들의 모든 말을 마음에 지키었고, 그 다음에 생각했습니다. 이 구절에서 "지키다"라는 말은 헬라어에서 미완료형으로 되어 있습니다. 그러므로 말씀을 받아서 마음 속에 간직한 다음에 지금까지 계속 가지고 있다는 의미입니다. 어떤 사람들은 말씀을 들은 다음에 "그것 참 멋있는데. 좋은 이야기지"라고 하고는 다 잊어 버립니다. 그것으로 끝난 것입니다. 그러나 마리아는 목자들을 통해서 전달된 구세주 예수 그리스도에 대한 멧세지를 계속해서 마음 속에 간직했습니다.

　마리아는 지키었을 뿐만 아니라 생각했습니다. 여기에도 물론 계속해서 그렇게 했다는 의미가 들어 있습니다. 대부분의 영어 번역에 보면 "생각한다"라는 말에 해당하는 단어로 "pondered"라는 단어를 썼는데, 이 말은 그냥 한번 생각한다는 말이 아니라 곰곰히 되씹어서 생각하고 또 생각한다는 뜻입니다. 이러한 태도는 말씀을 받는 데 있어서 얼마나 중요합니까?

　천사들을 통해서든 목자들을 통해서든, 구세주에 관한 멧세지에 반응하고 있는 마리아의 태도 속에서 우리는 그녀가 믿음의 여인인 것을 알 수 있습니다.

　19절 말씀을 그냥 지나치지 마십시오. "마음에 지키어 생각했다"는 것은 매우 중요한 부분입니다. 그리스도에 대한 말씀을 지키고 생각한 마리아에게 그 멧세지는 축복이 되었습니다.

　중요한 것은, 목자들이 그들의 믿음을 간직하고만 있지 않고 전하기 시작했다는 사실입니다. 최초의 복음 전도자는 목자들이라고 말할 수 있습니다.

저는 이 목자들을 생각하면서 구약성경의 열왕기하 7장에 나와 있는 네 명의 문둥이를 떠올리게 되었습니다. 사마리아 성문 어귀에 있던 네 사람의 문둥이가 사람들이 다 굶어 죽어 가는 기근의 때에 하나님의 기적으로 그 성 안에 양식이 가득 쌓여 있는 놀라운 광경을 보았습니다. 이 놀라운 사건을 발견하고 나서 네 명의 문둥이는 무엇이라 말했습니까?

"오늘날은 이 아름다운 소식이 있는 날인데, 우리가 잠잠하고 있다면 이것은 얼마나 커다란 죄악인가?"

모든 사람들을 먹일 수 있는 양식이 있다는 사실을 발견한 것, 이것은 얼마나 위대하고 아름다운 소식입니까?

"그런데 만약 우리가 잠잠하고 있다면, 이것은 얼마나 큰 죄악인가?"

만민을 구원할 수 있는 구세주가 오셨습니다. 사람들의 삶을 바꿀 수 있는 놀라우신 주님이 오셨습니다. 그 주님은 나의 삶을 바꾸셨고 내 삶의 소망이 되셨습니다. 이것이 참으로 사실일진대, 우리가 잠잠하고 있다면 우리에게 화가 있을 것입니다. 바울이 그런 이야기를 했습니다.

"만일 복음을 전하지 아니하면 내게 화가 있을 것임이로다."

이 목자들은 놀라운 구세주를 발견하고 나서 너무 기뻐서 잠잠할 수가 없었습니다. 그래서 구세주를 전하기 시작했습니다.

저는 사실, 진정한 의미에서 전도하지 않는 사람들의 신앙을 근본적으로 의심합니다. 복음을 전하고자 하는 진정한 의욕이 없다면, 만나는 사람들에게 구원의 소식을 전하고 싶은 의지가 전혀 없다면, 그가 과연 그리스도인일까요? 어떻게 잠잠할 수 있단 말입니까? 복음으로 구원받고 영원한 생명을 얻어 자신의 삶과 가치관이 완전히 뒤바뀌는 이 놀라운 은혜 속에 들어간 사람이라면 어떻게 잠잠할 수가 있겠습니까? 평생 신앙 생활을 하면서 전도하려는 의지조차 갖지 않는 사람들은 그 이유가 간단하다고 생각합니다. 그들은 교회에 출석은 하지만 그리스도인이 아닌 것입니다.

사실 우리는 세상에서 조금만 신나는 경험을 해도 그것을 누군가에게 말하고 싶어서 안달을 합니다. 그런데 복음은 어떤 소식입니까? 하늘과 땅을 움직일 수 있는, 사람들의 영원한 운명을 바꿀 수 있는 놀라운 소식이 아닙니까? 이 소식을 듣고 주님을 발견한 사람들이라면 어떻게 잠잠할 수가 있습니까? 목자들은 복음을 전했습니다.

하나님께 찬양으로 영광을 돌리는 목자들

20절을 보십시오.
"목자가 자기들에게 이르던 바와 같이 듣고 본 그 모든 것을 인하여 하나님께 영광을 돌리고 찬송하며 돌아가니라."
목자들은 만민을 구원할 수 있는 구세주가 오셨다는 이 위대한 사실을 인하여 하나님께 영광을 돌렸습니다. 무엇으로 영광을 돌렸다고 말씀합니까? 찬양입니다. 찬송은 하나님께 영광을 돌릴 수 있는 가장 중요한 방법 중에 하나입니다.
"하나님을 찬양합니다. 주님, 감사합니다."
우리의 입술로 하나님을 찬양하며 영광을 돌릴 수 있습니다.

참된 찬양, 진정한 의미에서 찬송이란 무엇입니까? 그들은 무엇을 찬송했습니까? 찬송의 이유는 무엇입니까? 그들은 자기들이 듣고 본 그 모든 것을 인하여 찬송했다고 기록합니다. 메시야에 대해서 듣고 본 그 모든 것을 인하여 감격해서 하나님 앞에 찬양하고 영광을 돌렸던 것입니다. 어떤 유명한 신학자는 이런 이야기를 했습니다.

"참된 찬양은 신앙의 체험에서만 우러나온다."

저는 전적으로 이 말에 공감합니다. 노래를 잘하는 것과 찬양하는 것은 다릅니다. 무엇이 그 차이를 만들어 냅니까? 훌륭한 기술을 가진 사람이 노래를 잘할 수는 있습니다. 그러나 듣고 본 체험이 없는 사람의 노래는 다른 이들을 움직이지 못하고 은혜가 안 됩니다. 또 주께 영광이 될 수도 없습니다. 메시야를 노래할 수는 있지만, 하나님의 어린양 되신 그리스도께서 나를 위해 오시고 나를 위해 죽임당하셨다는 것을 정말 믿고 체험했을 때의 감격을 아는 사람만이 그 찬양 속에 동참할 수가 있는 것입니다.

"내 주는 살아계시고…."

주께서 살아계시다는 것을 확신하지 못하는 사람이 어떻게 이 찬양을 할 수가 있습니까? 한국에 노래를 잘하는 가수 한 사람이 있습니다. 저는 그와 6개월을 같이 있었습니다. 그는 유명한 사람으로, 교회에서 노래도 많이 불렀습니다. 사람들은 그가 예수를 믿는 줄로 알고 있지만, 그는 예수를 믿지 않습니다. 하루는 제가 예수를 믿지 않는다면 찬양을 그만두라고 도전했습니다. 그랬더니 자신은 사람들을 기쁘게 하기 위해서 노래를 한다고 말하더군요. 그러나 그것은 찬양이 아니라 단순한 노래입니다. 찬양은 사람들을 기쁘게 하는 것이 아니라 하나님을 기쁘게 하는 것입니다. 저와 제일 친하다고 하던 그는 저와 헤어진 다음에 다시는 저를 찾지 않았습니다. 사실 그의 노래는 찬양이 아닙니다. 멧세지를 경험하지 않고는 찬양할 수가 없기 때문입니다.

본문을 보면, 목자들은 듣고 본 그 모든 것을 인하여, 참 말씀을 믿고 구세주를 만나는 체험을 한 그 감격을 인하여 하나님께 영광을 돌리고 찬송했다고 기록합니다. 목자들이 첫번째 성탄절을 맞이해서 부른 이 찬양은 얼마나 감동적이고 놀라운 찬양이었을까요? 저는 이것이 진정한 찬양이라고 믿습니다.

첫번째 크리스마스를 맞는 목자들의 모습을 정리하면, 15절에서 그들은 자기들에게 전달된 멧세지를 믿었습니다. 16절에서 그들은 믿음의 대상에게 가장 중요한 우선 순위를 두었고, 17절에서는 그 믿음을 전하기 시작했습니다. 그리고 마지막에 그들은 그 믿음의 대상인 하나님 앞에 찬양으로 영광을 돌렸습니다. 목자들에게서 성탄을 맞는 바른 태도를 배움으로써 구원의 기쁨과 감격 속에서 하나님을 찬양하는 가운데 이 성탄을 맞게 되기를 주의 이름으로 축원합니다.

목자들에게 전달되었던 이 구원의 멧세지는 당신과 저에게도 전달되었습니다. 방법은 다를지라도 전달된 멧세지의 내용은 같습니다. 우리를 위하여 베들레헴에 다윗의 후손으로 오신 우리들의 메시야, 그리스도께서 탄생하셨습니다. 나에게 영원한 구원을 베푸시고 나를 새로운 피조물이 되게 하시며 그리스도 안에 있는 소망 가운데 평생을 살아갈 수 있도록 하기 위해서 전해진 이 복음의 멧세지를 듣고 주님을 만난 그리스도인들이라면, 이 크리스마스를 맞는 우리의 가슴엔 찬양과 감사가 흘러넘쳐야 할 것입니다.
"오, 주님. 이 목자들처럼 주님을 만난 감격 속에서 내 평생 주님을 찬양하며 살아갈 수 있기를 원합니다."

4

박사들의 성탄준비

하나님의 아들의 성육신(成肉身)은 온 우주의 역사 속에서 발견될 수 있는 가장 위대한 사건이며, 이적 중의 이적일 것입니다. 왕중의 왕께서 하늘의 보좌를 버리시고 지상의 구유를 선택하여 찾아오셨던 그 밤에 하늘은 바빠지기 시작했습니다. 천사들은 메시야의 탄생을 알리고, 하늘의 별은 움직이고 있습니다. 베들레헴 지경 밖에서 양을 치던 목자들이 구유에 놓인 아기를 찾아가서 만나게 되고, 동방의 박사들이 멀리 동방에서 산의 위험과 강의 위험을 극복하고 예루살렘까지 찾아오게 됩니다.

본문에서 동방의 박사들이 아기 예수님이 계신 곳에 찾아왔던 가장 중요한 이유는 무엇이라고 생각합니까? 무엇 때문에 그들은 그 많은 고통과 위험을 극복하면서 예루살렘과 베들레헴까지 찾아왔을까요? 본문 2절과 11절을 보십시오.

"유대인의 왕으로 나신 이가 어디 계시뇨 우리가 동방에서 그의 별을 보고 「그에게 경배하러 왔노라」 하니."
"집에 들어가 아기와 그 모친 마리아의 함께 있는 것을 보고 엎드려 아기께 경배하고…"
그렇습니다. 그들이 동방에서부터 예루살렘까지 찾아온 가장 중요한 목적은 메시야를 경배하기 위해서였습니다.

우리는 본문에 나타난 동방 박사들의 행동을 크게 여섯 가지로 나누어 볼 수 있습니다. 이번 장에서는 그들의 이 여섯 가지 행동을 주목해 봄으로써 성탄 준비의 교훈을 얻기로 하겠습니다.

별을 본 동방 박사들

본문 2절을 다시 보십시오.
"유대인의 왕으로 나신 이가 어디 계시뇨 우리가 동방에서 「그의 별을 보고」 그에게 경배하러 왔노라."
그들은 오기 전에 동방에서 별을 보았습니다. 그 별은 메시야의 탄생을 알리는 하나님의 계시였습니다. 이처럼 하나님께 대한 우리의 예배는, 하나님의 계시에 대한 인간의 응답인 것입니다. 하나님께서 먼저 하나님 자신을 우리에게 알리셨기 때문에, 그 창조주 하나님을 향한 인간의 경배가 시작되는 것입니다.

놀라운 사실은, 예수께서 탄생하셨을 때에 예루살렘은 너무나도 깊은 침묵과 정적 속에 있었다는 것입니다. 동방에서는 메시야의 탄생을 알았는데, 베들레헴에서 가장 가까운 예루살렘의 시민들은 아기 예수님의 탄생 앞에 완전히 침묵하고 있었던 것입니다. 더군다나 이 동방 박사들은 유대인이 아니었습니다. 그런데 그들은 찾아왔습니다.
이 동방 박사들은 예수님의 탄생의 자리로부터 얼마나 멀리 있었습니까? 그러나 얼마나 멀리 떨어져 있느냐 하는 것은 그들이 예수님을 만나는 일에 전혀 문제가 되지 않았습니다. 하나님의 주권은 시간과 공간을 초월해서 역사합니다. 하나님은 동방에서 영혼의 구원을 목마르게 기다리고 있던 동방 박사들에게 메시야의 탄생을 알리신 것입니다.

　동방 박사들은 천문학자들이었을 것입니다. 농부에게는 씨 뿌리는 비유를 통해서, 장사하는 사람에게는 상인들의 돈 바꾸는 이야기를 통해서 하나님 나라의 위대한 비밀을 풀어 주시는 하나님께서 천문학자인 동방의 박사들에게는 하늘의 별로 예수님의 탄생을 알리신 것입니다. 하나님은 지금도 별을 사용하시고 태양을 사용하고 자연을 사용하시고 역사를 사용하셔서 인간에게 말씀하십니다.
　동방 박사들에게 나타난 별은 그들에게 메시야를 알리기 위해서, 그들의 걸음을 메시야에게로 인도하기 위해서 그리고 그들로 메시야께 경배하게 하기 위해서 하나님께서 사용하신 것입니다. 하나님은 오늘도 하나님의 사자들을 별처럼 사용하시고 있습니다. 하나님께서는 그들을 통해서 사람들에게 예수 그리스도의 탄생을 알리고, 사람들로 하여금 경배할 수 있도록 역사하십니다.

　박사들은 이렇게 고백합니다.
"동방에서 「그의 별」을 보고…."
　이 별은 메시야의 별입니다. 우리도 별이 될 수 있습니다. 예수님을 필요로 하는 누군가에게 복음을 전하여 그 영혼을 그리스도께로 인도할 때, 우리는 그분의 별이 될 수 있는 것입니다. 그러나 우리는 별 자체가 아니라 그리스도를 나타내는 그분의 별이라는 사실을 기억하십시오. 우리가 별이 되려고 하면 예수님이 죽어 버립니다. 그러나 우리가 그리스도의 빛만을 드러내는 그리스도의 별이 될 때, 그리스도가 삽니다.

놀라운 사실은, 이 별이 동방 박사들에게 예수님의 탄생을 알리고 사라졌다가 다시 나타나서 베들레헴의 아기 예수로 그들을 인도했다는 사실입니다. 그리고 마침내 이 동방 박사들이 아기 예수님을 발견하고 그분께 경배했을 때, 그들을 인도했던 그 별은 사라졌습니다. 별은 주님을 증거하고 사람들의 발걸음을 주께로 인도했습니다. 그리고는 사라졌습니다. 사람들이 예수님을 만났을 때, 거기서 별의 사명은 끝났기 때문입니다.

동방 박사들은 하나님께서 계시의 방편으로 보여 주신 별을 보고서 자기네들의 고향을 떠나 메시야를 찾아가는 위대한 여행을 시작했습니다.

고향을 떠나 예루살렘에 이른 동방 박사들

본문 1절을 보십시오.
"헤롯 왕 때에 예수께서 유대 베들레헴에서 나시매 동방으로부터 박사들이 예루살렘에 이르러 말하되."

동방의 박사들은 별을 보고 나서도 그 자리에 그대로 머물러 있을 수 있었습니다. 다시 말해서 예루살렘까지 가지 않을 수도 있었다는 이야기입니다. 그러나 그들은 그 별의 멧세지를 받은 것입니다. 그리고 그 별이 증거하려고 애썼던 그리스도를 만나고 싶어서 예루살렘까지 찾아왔던 것입니다.

어떤 상징을 보면서도 그 실체를 알아보지 못한다는 것은 얼마나 큰 비극입니까? 십자가는 오늘날 우리에게 예수 그리스도를 보여 주고 있습니다. 그런데 십자가를 달고 십자가를 보고 십자가를 사랑하면서도 그 안에 그리스도가 없는 영혼들을 발견한다는 것은 얼마나 슬픈 일입니까? 성만찬에 참여하면서도 나를 위해 피흘려 주시고 나를 위해 그 몸을 버리신 그리스도를 만나지 못하는 사람들은 얼마나 불쌍합니까? 침례(세례)를 받으면서도 그리스도의 죽으심과 부활에 연합하여 그분 안에서 새로운 사람이 되지 못하는 것은 얼마나 어리석은 일입니까?

그러나 동방의 박사들은 별의 멧세지를 알았습니다. 별의 증언을 이해했습니다. 그 별은 그리스도를 위해서 나타난 것입니다. 동방 박사들은 그 별이 증언했던 그리스도를 만나고 그분을 경배하기 위해서 예루살렘에까지 이르게 된 것입니다.

동방 박사들이 그들의 고향을 떠나서 예루살렘에까지 찾아온 사실을 과소 평가하지 마십시오. 그들은 메시야를 만나기 위해서 숱한 희생과 고난을 경험해야 했을 것입니다. 산을 건넜을 것이고, 유브라데와 티그리스 강을 건넜을 것입니다. 또 사막을 지났을 것이고, 싸늘한 바람을 경험하기도 했을 것입니다. 집에 두고 온 가족들에 대한 염려도 있었을 것입니다. 그러나 이 모든 것보다 더 중요한 관심사가 있었으니, 그것은 메시야를 만나는 일이었습니다. 하나님의 아들이신 그분을 만나기 위해서 동방 박사들은 이 모든 어려움을 극복하고자 하는 마음의 준비를 갖추었던 것입니다.

당신은 아직 구원받은 사실을 확신하지 못하고 있습니까? 그렇다면 예수 그리스도를 만나기 위해 당신은 무엇을 하고 있습니까? 제자리에 서있는 것은 아닙니까? 내 영혼이 구원을 받을 수 있다면, 하나님을 만날 수 있다면 거기에 따르는 모든 어려움을 극복하겠다는 굳은 의지를 가지십시오. 그리고 이 동방의 박사들처럼 여행을 떠나시기 바랍니다.

메시야를 끈질기게 찾는 동방 박사들

본문의 1절 이하를 보십시오.
"헤롯 왕 때에 예수께서 유대 베들레헴에서 나시매 동방으로부터 박사들이 예루살렘에 이르러 말하되 유대인의 왕으로 나신 이가 어디 계시뇨…"(1, 2절).

동방 박사들은 예루살렘의 거리를 지나면서 사람들을 붙들고 물었을 것입니다.

"유대인의 왕으로 나신 이가 어디에 계십니까?"

한 사람이 모르면, 다음 사람을 붙들고 물어 봅니다.

"유대인의 왕으로 나신 이가 어디 계십니까?"

아마 동방의 박사들은 깜짝 놀랐을 것입니다. 왜냐하면 유대인의 왕일 뿐 아니라 만왕의 왕이신 하나님의 아들이 왔는데도 예루살렘의 도시는 정적에 싸여 있고, 사람들은 아무도 그 소식을 모르고 있었기 때문입니다. 조간 신문을 읽어 보아도, 텔레비젼을 켜 보아도 예수께서 유대인의 왕으로 탄생하셨다는 소식은 들려오지 않습니다.

아마도 동방 박사들은 "아무래도 그 왕이 별볼일없는 왕인가보구나. 돌아가자"라고 회의하면서 다시 동방으로 돌아갈 수도 있었을 것입니다. 그러나 놀라운 사실은, 사람들이 예수님을 어떻게 생각하든 동방 박사들은 그것을 문제삼지 않았다는 것입니다. 하나님이 박사들에게 메시야의 탄생을 알렸습니다. 그렇다면 세상이 그분을 어떻게 이해하고 그분에게 어떤 반응을 보이든, 박사들에게는 하나님의 계시 앞에 응답할 책임이 있었던 것입니다.

하나님이 당신에게 복음을 들려 주시고 그리스도를 알게 해 주셨다면, 이제 당신의 전 인격으로 그것에 응답해야만 합니다. 많은 사람들이 예수님에게 관심이 없으니까 당신도 그분에 대한 관심을 포기하렵니까? 오늘의 이 역사가 그리스도를 거절하기 때문에 당신도 그리스도를 거절하겠습니까? 아닙니다. 창조주 하나님이 하늘을 열어 나에게 별을 보이시고, 창조주 하나님의 위대한 존재와 메시야께서 나를 위해 십자가에서 죽으셨음과 그분을 믿음으로 구원을 얻는 영광스러운 복음을 주셨다면, 우리는 우리의 전 존재를 걸고 응답해야 할 책임이 있는 것입니다.

"유대인의 왕으로 나신 이가 어디 계시뇨."

동방 박사들은 이 질문을 던지는 데 인색하지 않았습니다. 그들은 모르면서도 아는 체하지 않았습니다. 또 "어디엔가 가면 유대인의 왕을 발견할 수가 있겠다"라고 말하지 않았습니다. 그들은 물으면서 찾아다녔습니다. 묻는 자에게는 반드시 대답이 주어지는 것입니다.

오늘날 얼마나 많은 사람들이 멸망을 향해 가면서도 이 위대한 복음의 진리를 구하지 않고 있습니까? 모르면 누군가를 붙들고 물어 보십시오. 하나님의 아들이신 예수 그리스도가 나와 어떤 관계가 있는지 그리고 내가 어떻게 해야 구원을 받을 수가 있는지 물으십시오. 이 동방 박사들에게서 정직한 구도의 열정과 태도를 배우십시오. 그들은 이 질문에 대한 대답을 얻어낼 때까지 포기하지 않았습니다.

"유대인의 왕으로 나신 이가 어디 계시뇨?"

그들은 찾고 또 찾았으며, 마침내 유대인의 왕을 만날 때까지 자신들의 구도의 열정을 계속 불태웠던 것입니다.

아기를 본 동방 박사들

본문 11절을 보십시오.

"집에 들어가 아기와 그 모친 마리아의 함께 있는 것을 보고…."

드디어 동방 박사들은 아기로 출생하신 메시야를 보게 되었습니다. 당신과 제가 동방 박사가 되어, 베들레헴까지 찾아가서 그곳의 어느 집에 누워 있는 그 아기의 모습을 보았다고 상상해 보십시오. 그때 우리의 감회는 어떠했을까요? 당신과 제가 보고 있는 그 아기는 평범한 아기가 아닙니다. 그 아기는 하나님이신 것입니다. 우주를 창조하신 그 하나님, 역사를 주관하시는 그 하나님을 만나고 있는 것입니다.

이 영광스러운 장면은 얼마나 동방 박사들의 가슴을 설레이게 만들었겠습니까? 그들은 지금까지 별을 보아 왔습니다. 그러나 아기를 보았을 때, 그들의 관심은 더 이상 별에 머물러 있지 않았습니다. 별은 의(義)의 태양이신 예수 그리스도를 증거하고 있었던 것이기에 이 장엄한 태양이 떠오를 때 별들은 사라져야 했던 것입니다.

집집마다 성탄의 트리가 장식되고 성탄의 카드들이 여기저기에서 전해집니다. 그 카드들을 장식하고 있는 내용은 무엇입니까? 동방의 박사들과 찬란하게 반짝이는 수많은 별들입니다. 그러나 동방 박사들이 찾아왔던 예수 그리스도, 별들이 증언했던 예수 그리스도에 대한 관심을 상실하고 있는 현대의 비극을 보십니까? 차라리 우리 구주 예수 그리스도의 영광스러운 말씀을 그 카드에 적어 넣고 싶습니다.

별들이여, 잠잠하기 바랍니다. 모든 인간이여, 잠잠하십시오. 지금 창조주 하나님이 인간의 죄를 구속(救贖)하기 위해서 역사 속에 돌입하셨습니다.

"아기를 보고."
드디어 동방의 박사들은 메시야이신 예수 그리스도를 볼 수 있었던 것입니다. 가장 우리의 가슴을 설레이게 하는 성경의 증언은 "보라"는 내용입니다.
"보라 세상 죄를 지고 가는 하나님의 어린양이로다"(요 1:29).

그리스도를 한 번 본 사람은 그 인생이 변합니다. 그러나 오늘 얼마나 많은 사람들이 이 그리스도를 보지 못하고 있는지요? 교회를 보면서, 크리스마스 트리 장식을 보면서 하나님의 아들이신 그리스도를 바라보지 못하고 있는 수많은 영혼들을 인하여 우리는 눈물을 흘리지 않을 수가 없습니다.

성탄의 위대한 멧세지는 "아기를 보라"는 하나님 자신의 초청입니다. 박사들은 이 아기를 보기 위해서 수천 리를 여행했던 것입니다. 왜냐하면 메시야를 만나면, 인생이 변하기 때문입니다.

아기께 경배하는 동방 박사들

11절을 보십시오
"집에 들어가 아기와 그 모친 마리아의 함께 있는 것을 보고 엎드려 아기께 경배하고…"
마침내 동방 박사들은 엎드려 아기께 경배를 합니다. 그들은 아기와 그 모친 마리아를 같이 보았습니다. 그러나 그들은 마리아가 아니라 아기에게 경배했습니다.

성경을 읽으면서 발견하는 놀라운 사실 하나는 경배의 대상은 하나님 한 분밖에 없다는 사실입니다.

사도 요한이 역사의 비밀과 우주의 수수께끼를 담은 하나님의 위대한 비밀을 천사를 통해서 받았을 때, 그는 어떻게 반응합니까? 이 놀라운 진리를 전달한 천사에게 너무나 감사한 나머지 그에게 엎드려 경배하려고 했습니다. 그러나 천사는 "삼가 그리하지 말고 오직 하나님께 경배하라"고 말합니다.

광야에서 시험을 당하고 있었던 예수님을 찾아왔던 사단은 그분께 천하 만국을 보이며 이렇게 말합니다.
"이 모든 권세와 그 영광을 내가 네게 주리라… 네가 만일 내게 절하면 다 네 것이 되리라"(눅 4:6, 7).
이때 예수께서 이렇게 응답합니다.
"주(主) 너의 하나님께 경배하고 다만 그를 섬기라"(8절).
그렇습니다. 경배의 대상은 하나님밖에 없습니다.

저는 수많은 사람들을 존경합니다. 철학자, 정치가, 친구 등등 존경하는 사람들은 많습니다. 그러나 제가 경배해야 할 대상은 단 한분 하나님밖에는 없습니다.

동방의 박사들이 베들레헴에 찾아와 아기께 경배했다는 사실은 당신에게 무엇을 교훈하고 있습니까? 이 아기가 바로 하나님이라는 사실을 교훈하고 있지 않습니까? 박사들은 생명의 창조주이신 거룩하신 하나님을 만나는 위대한 경험 속에 들어갔던 것입니다.

예물을 드린 동방 박사들

11절을 다시 보십시오.
"집에 들어가 아기와 그 모친 마리아의 함께 있는 것을 보고 엎드려 아기께 경배하고 보배합을 열어 황금과 유향과 몰약을 예물로 드리니라."
그들은 보배합을 열고 황금과 유향과 몰약을 예물로 드렸습니다. 많은 설교자들과 성경학자들이 이 황금과 유향과 몰약이 어떤 것을 상징한다고 생각하고 열심히 연구하고 있습니다. 그러나 이 예물들에 영적인 의미를 덧붙일 필요는 전혀 없습니다. 황금은 보석 중에서 가장 귀한 것입니다. 유향과 몰약은 그 당시에 이스라엘 백성들이 얻을 수 있는 향유 가운데서 가장 귀한 것으로 여겨졌습니다. 황금과 유향과 몰약을 드린 것, 그것은 그들이 가장 존귀하게 여기는 것을 하나님께 드렸다는 의미입니다.

그들은 여행을 하는 도중에 여비가 부족했을지도 모릅니다. 그 예물을 팔기만 하면 얼마든지 넉넉하게 여행을 할 수 있었을 것입니다. 그러나 그들은 이 소중한 예물을 절대로 자신을 위해서 쓰지 않았습니다. 그들은 그들의 가장 존귀한 것을 메시야께만 드리기를 원했던 것입니다.

크리스마스의 멧세지는, 나를 위해서 십자가에서 피를 흘리시고 나에게 그리스도 예수 안에 있는 풍성한 영생의 의미를 깨닫게 해주신 하나님께 헌신할 것을 요청하고 있습니다.

하나님의 은혜가 감사합니까? 성령의 인도가 감사합니까? 예수님 안에서 얻은 영원한 생명에 감사합니까? 그렇다면 당신은 무엇을 주께 드리기 원합니까? 가장 존귀한 것을 드리시기 바랍니다. 쓰다가 남은 것으로 드리지 마십시오. 황금이 없으면 당신의 몸을 드리십시오. 유향이 없으면 당신의 사랑을 드리십시오. 몰약이 없으면 당신의 생명과 당신의 인생을 그 앞에 드리시기 바랍니다. 그리고 그분 앞에 꿇어 엎드려 경배하고 이렇게 고백하십시오.
"나를 위해 죽으신 나의 생명의 주여, 나를 위해 다시 사신 부활의 영광스러운 메시야여, 내가 내 인생을 당신 앞에 바치기를 원합니다. 나를 받으시고, 나를 통해서 하나님의 영광을 나타내어 주시옵소서."

별은 사라졌습니다. 박사들을 인도하던 별은 더 이상 우리에게 보이지 않습니다. 그러나 별이 증언한 예수님은 아직도 우리에게 남아 있습니다. 또 아기 예수님을 찾아왔던 박사들은 우리의 시야에서 사라졌지만, 그들이 만났던 그 예수님은 아직도 우리와 함께하고 계십니다. 그리스도를 증거했던 수많은 설교자들과 하나님의 사람들이 우리 곁을 떠나갔습니다. 그러나 그들이 증언한 예수님은 아직도 우리와 함께하고 계십니다. 그리고 우리를 초청하고 계십니다.
이제는 우리가 메시야를 만나기 위해서 여행을 떠나갈 시간입니다. 이미 메시야를 만난 사람들은 그분께 경배하기 위해서 그리고 사람들에게 그리스도를 증거하고 그들을 그리스도께 인도하는 하나의 별이 되기 위해서 위대한 발걸음을 옮겨야 할 시간입니다. 그것이 바로 금년에도 찾아온 성탄이 우리에게 전하는 하나님의 말씀인 것입니다.

예수님이 이 세상에 계실 때, 그분의 제자들이 했던 가장 환희에 찬 고백은 "우리가 메시야를 만났다"는 것이었습니다. 당신은 당신을 구원한 메시야를 만났습니까? 아니면 아직도 찾고 있습니까? 만일 찾고 있다면 그 일을 중단하지 마십시오. 계속해서 진지하게 찾으시기 바랍니다. 예수님을 찾고 만나는 일에 방해가 되는 요소들이 있거든 극복하시기 바랍니다. 예수 그리스도를 만나는 사람마다 변화될 수 있고 또 그 인생이 새로워질 수 있다면, 메시야 예수 그리스도를 구주와 주님으로 영접하고 그분을 만나시기를 바랍니다. 만일 당신이 이미 메시야를 만난 사람이라면 이렇게 기도하십시오.
"나의 구주와 주님이 되신 그리스도여, 내가 수천 리를 여행하여 메시야를 만났던 동방 박사들에게서 그 열정과 예배의 정신을 배울 수 있게 하옵소서. 그리하여 내 생애가 진정으로 주님만을 경배하는 삶이 되게 도와주옵소서."
어느 해인가 우리는 인생의 마지막 크리스마스를 지나게 될 것입니다. 매년 크리스마스 때마다 그리스도에 관한 멧세지를 들었으면서도 진정으로 그분을 만나지 못한 채 주님 앞에 서야 한다면 그리고 주님을 영접했으면서도 참으로 그분을 경배하는 삶을 살지 못하고 부끄러움과 후회 속에서 그분을 만나야 한다면, 그때 당신은 주님을 위해서 무엇을 했다고 고백할 수 있겠습니까?
이 성탄절이 우리의 신앙을 새롭게 하고 하나님 앞에 경건한 헌신을 드릴 수 있는 위대한 결단의 기회가 되기를 기도합니다.

5

시므온과 안나의 성탄 준비

성탄이라는 드라마의 주인공은 물론 예수님입니다. 그러나 주연급 배우들을 들자면 마리아와 요셉, 동방 박사들, 헤롯 그리고 목자들이 있습니다. 성탄 때가 되면, 우리는 예수 그리스도의 탄생 사건을 중심으로 해서 이러한 사람들의 이야기를 같이 생각하게 됩니다. 그러나 이번 장(章)의 본문에 등장하는 시므온과 안나는 성탄이라는 드라마에 대단히 중요한 인물들이면서도 우리에게 자주 기억되지 않는 사람들인 것 같습니다. 사실 첫 크리스마스를 가장 감격스럽게 맞이한 믿음의 사람들이 바로 이 두 사람인데 말입니다. 시므온과 안나가 맞이한 첫 성탄은 어떠했을까요? 그리고 이들이 첫 성탄에 우리에게 전달한 메세지는 어떤 메세지였을까요? 시므온은 남자 선지자였고 안나는 여자 선지자였는데, 먼저 시므온에 대해서 살펴보기로 하겠습니다.

의롭고 경건한 사람 시므온

본문에 보면 시므온에 대한 직업이 전혀 기록되어 있지 않습니다. 그가 어디에 살았는지 그리고 어떤 배경을 가졌는지 전혀 알 길이 없습니다. 성경이 이런 면을 기록하지 않은 것을 보면, 그것이 하나님에게는 그렇게 중요하지 않았던 것 같습니다. 다만 본문 25절에 보면, 시므온은 의롭고 경건한 사람이라고 기록되어 있습니다. 그것이 하나님의 관심사였습니다.

"이 사람이 의롭고 경건하여."

의롭고 경건하다는 두 가지 표현은 시므온이라는 사람의 명성과 관련된 단어들입니다. 의롭다는 말은 하나님과의 바른 관계에서만 이해될 수가 있는 단어입니다. 하나님과 바른 관계를 맺었을 때, 그것이 바로 성경이 말하는 의롭다 함을 얻은 삶의 모습인 것입니다. 그리고 경건하다는 말은 우리가 일반적으로 생각하는 깨끗하게 사는 것이라는 단순한 의미 이상의 표현입니다. 경건하다는 낱말은 본래 하나님을 깊이, 심각하게 생각한다는 단어의 어근에서부터 나온 말입니다.

다시 말하면 이 사람 시므온은 하나님과의 바른 관계에 대해서 깊이 고민했던 사람입니다. 그리고 하나님과 관련된 모든 일들을 심각하게 생각했던 사람입니다. 시므온은 일 주일에 한 번 교회에 나와서 예배할 때에만 하나님을 생각하는 그런 피상적인 신앙의 사람이 아니라 하나님의 기대와 뜻을 분별하여 알고자 몸부림쳤던 사람인 것입니다. 시므온의 이러한 마음 자세가 그로 하여금 메시야를 기다리게 만들지 않았나 생각합니다.

계시를 받은 시므온

의롭고 경건한 시므온에게, 그가 살아있을 때 그리스도를 만나는

감격을 맛보게 될 것이라는 말씀이 허락되었습니다. 26절을 보십
시오.

"저가 주(主)의 그리스도를 보기 전에 죽지 아니하리라 하는 성령
의 지시를 받았더니."

같은 말씀을 들어도 이것을 교양 강좌나 목사들의 설교 정도로 지
나치는 사람이 있는가 하면, 내게 주시는 하나님의 말씀으로 받는
사람도 있습니다. 주님의 말씀은 가난한 마음을 가진 사람들의 심
령 속에서 참으로 놀라운 일을 하십니다.

"네가 그리스도를 만날 것이다. 살아 있을 때 만날 것이다."

시므온은 계시된 하나님의 말씀을 믿었습니다. 구약 시대부터 메시
야가 오신다는 약속이 있었기 때문에 이스라엘 백성들이 메시야를
기다려 온 것은 사실입니다. 그러나 예수님이 탄생하실 즈음에 대
부분의 이스라엘 백성들은 메시야를 기다리는 마음을 거의 포기한
상태였습니다. 너무나 오랫동안 기다렸는데도 안 오시니까 더 이상
진지하게 메시야를 대망하지 않게 된 것입니다. 그러나 시므온은
예외였습니다. 그는 기다렸습니다. 그리고 살아서 그리스도를 만날
것이라는 말씀을 받은 것입니다.

시므온의 성탄 멧세지

어느 날 시므온이 성령의 감동으로 성전에 들어갔습니다. 거기서
그는 무척 남루해 보이는 가난한 젊은 부부가 성전을 향해서 걸어
오고 있는 모습을 보게 되었습니다. 우리는 그 부부가 가난했다는
사실을 24절 말씀을 통해서 알 수 있습니다.

"또 주(主)의 율법에 말씀하신 대로 비둘기 한 쌍이나 혹 어린 반
구(班鳩) 둘로 제사하려 함이더라."

돈이 많은 사람들은 양이나 소로 제사를 드렸고, 그렇게 넉넉하지
못한 사람들은 비둘기로 제사를 드렸던 것입니다.

가난한 젊은 부부는 태어난 지 꼭 팔 일 된 아기를 안고 들어왔습니다. 21절을 보십시오.
"할례할 팔 일이 되매 그 이름을 예수라 하니 곧 수태하기 전에 천사의 일컬은 바러라."
이 아기를 데리고 들어오는 젊은 부부를 바라보는 순간, 시므온의 가슴은 뛰기 시작합니다.
"저 사람이야."
마음 속 깊은 곳에서부터 솟아오르는 설명하기 어려운 어떤 힘에 의해서 시므온은 이 젊은 부부에게 안겨 들어오는 그 아기에게서 대망의 메시야의 모습을 발견하는 순간을 경험하게 됩니다.

뛰는 가슴을 안고 시므온은 서서히 이 젊은 부부를 향해서 접근해 갑니다.
"죄송하지만 그 아기를 제가 안아 봐도 될까요?"
마침내 시므온은 그 아기를 자기의 품에 안았습니다. 안자마자 그의 마음 속에서 찬송이 흘러나오기 시작합니다.
"주재(主宰)여 이제는 말씀하신 대로 종을 평안히 놓아 주시는도다"(29절).
무슨 이야기입니까?
"하나님, 이제는 죽어도 좋습니다. 내 눈이 주의 구원을 보았나이다. 우리 주 예수 그리스도의 놀라우신 구원을 이제는 내 눈으로 보았습니다."

시므온이 품에 안은 아기는 메시야였습니다. 여기에 인류가 영원히 해결하지 못할 신비가 있습니다 하나님이 「아기」로 오신 것입니다. 한 설교자는 이렇게 말합니다.
"그렇다. 모든 사람이 접근하기 쉽도록 그분은 아기로 오셨다."
누가 아기에게 접근하는 것을 두려워하겠습니까? 우주를 창조하시

고 말씀으로 만물을 붙들어 섭리하시는 그 하나님이 아기의 모습
으로 오신 이 신비를 어떻게 설명하겠습니까?

남루한 차림의 젊은 부부가 안고 있던 아기가 메시야라는 것을
시므온은 어떻게 알았을까요? 아기를 구세주로 알아보았던 시므온
의 통찰력 또한 하나의 신비입니다.
그 당시 대부분의 이스라엘 백성들은 자기들을 로마의 압제에서
해방시키고 참된 자유를 줄 수 있는 정치적인 메시야상을 그리고
있었습니다. 그런 상황에서 어느 누가 가난한 목수의 품에 안겨 있
는 이 아기를 이스라엘 민족에게 자유를 주고 역사에 새로운 전환
점을 마련할 메시야라고 생각할 수 있었겠습니까? 그러나 시므온
은 남루한 차림의 부부 뒤에 역사를 섭리하시는 하나님의 신비로
운 손길이 있음을 바라볼 수 있는 안목을 가진 사람이었습니다. 그
는 성령의 감동을 받아서 메시야를 알아보았을 것입니다.

"메시야다. 구세주야!"
구세주를 안고 감격의 찬양을 부르는 시므온의 모습을 상상해 보
십시오. 그의 찬양 소리를 들어 보십시오. 이것이 진짜 찬양일 것입
니다.
"이방을 비추는 빛이요 주(主)의 백성 이스라엘의 영광이니이다"
(32절).
이것이 시므온이 메시야를 품에 안고 맞이한 첫번째 성탄절에 우
리에게 전달하는 성탄 멧세지였습니다. 여기서 "이방의 빛"이라는
이야기는 이방이 어둠 속에 있다는 것을 전제로 한 것입니다. 정치
적인 면을 볼 때, 당시에 로마가 이스라엘보다 훨씬 더 문명한 나
라였습니다. 또 소크라테스와 플라톤을 배출해 낸 희랍 문명은 지
식적인 면에서 이스라엘보다 훨씬 앞서 있었습니다. 그러나 시므온
은, 이방이 정치적으로든 지식적으로든 아무리 발전해 있다 해도

여전히 그들은 어둠 속에 있다고 말합니다. 그들에게는 그리스도가 없기 때문입니다.

문명이 인간의 죄의 문제와 죽음의 문제를 해결할 수 있습니까? 그리스도 외에는 아무것도 죄와 사망의 문제를 해결할 수 없습니다. 그리스도가 빛이십니다. 그러므로 예수가 없는 문화, 그것은 아직도 어둠입니다. 정치적으로나 지식적으로 이방보다 뒤떨어져 있던 이스라엘에 살고 있었던 시므온, 그러나 그는 메시야를 품에 안는 감격의 순간에 "이 아기야말로 이방에는 빛이요"라고 외칩니다.

"이방에게는 빛이요, 이스라엘에는 영광이요."
고쳐 말할까요?
"불신자에게는 빛이요, 신자에게는 영광이신 바로 그분."
여기에 쓰인 "영광"이라는 단어는 "임재"라는 단어와 동의어입니다. 주님을 신뢰하는 주의 백성들에게 있어서 하나님의 영광이 나와 함께한다는 것은 곧 위로였고, 능력이었고, 변화였고, 거룩함이었습니다.
"주의 백성들에게는 영광이요, 주님을 모르고 어둠 속에 있는 사람들에게는 빛이요."
시므온의 찬양을 통해 전파되는 첫번 크리스마스의 멧세지를 기억하십시오.

메시야에게 모든 소망을 둔 여선지자 안나

우리는 시므온에 이어서 안나라는 여자 선지자가 성전에 나오는 광경을 본문에서 발견합니다. 안나는 늙은 여선지자였습니다. 36절을 보십시오.
"또 아셀 지파 바누엘의 딸 안나라 하는 선지자가 있어 나이 매우 늙었더라 그가 출가한 후 일곱 해 동안 남편과 함께 살다가 과부

된 지 팔십사 년이라…"(36, 37절).

이 여인은 팔십사 년을 과부로 지냈습니다. 인간적으로 말하자면 너무 너무 불쌍한 여자입니다. 이 여인이 팔십사 년 동안 남편도 없이 홀로 살 수 있었던 비밀이 무엇이라고 생각합니까? 37절의 계속되는 말씀을 보십시오.

"… 이 사람이 성전을 떠나지 아니하고 주야에 금식하며 기도함으로 섬기더니."

남편을 잃은 다음에 그녀는 한 곳에만 소망을 두기로 결심했습니다. 모든 사람들이 다시 오실 메시야에 대한 소망을 포기하고 있었지만, 이 여인은 그 메시야에게 소망을 두고 남은 생을 살아가기로 작정했던 것입니다. 그래서 지나간 세월 팔십사 년 동안 성전을 떠나지 아니하고 금식하고 기도하며 신실하게 섬겼던 것입니다.

아마도 사람들은 이 여인을 예수나 교회에 미쳐 버린 여자라고 제쳐놓았을지도 모릅니다. 그렇습니다. 이 여인은 한 소망에 미친 여자였습니다. 자신의 구세주이신 그리고 참 기쁨이고 참 소망이신 그분을 기다리는 것이 이 여인의 전 생애의 목표가 된 것입니다. 성전을 떠나지 아니하고 금식하고 기도했다는 것은 이 여인이 가지고 있었던 믿음의 표현입니다. 그렇게 하기를 팔십사 년, 그 동안 얼마나 많은 유혹이 있었을까요?

"그렇게 아까운 청춘을 낭비하지 말고 빨리 시집을 가시오."

"아니 밤낮 교회에서 살아 봐야 당신에게 생기는 것이 있오?"

그러나 안나는 그런 유혹을 이겨내면서 팔십사 년이란 긴 시간을 메시야를 기다리며 지냈습니다. 그렇게 할 수 있었던 힘이 무엇이라고 생각합니까? 믿음입니다. 믿음이 없이는 아무도 기다릴 수 없습니다.

제가 처음 미국에 와서 공부할 때, 오기 삼 일 전에 지금의 제 아내와 약혼을 했습니다. 그리고 삼 년 후에 한국에 나와서 결혼을 했습니다. 그 삼 년 동안 저도, 제 아내도 서로 잘 기다렸습니다. 그렇게 서로를 기다릴 수 있었던 비밀은 서로를 믿었기 때문입니다.

요즘 우리는 과학의 추진력이 단순한 인간 이성이 아니라 믿음이라는 이야기를 이따금씩 듣습니다. 1781년에 천왕성이라는 별이 발견되었습니다. 그 후에 한 천문학자가 천왕성의 움직임이 조금 이상하다는 것을 관측하게 되었습니다. 그 천문학자는 천왕성에 영향을 주고 있는 어떤 별이 옆에 있을지도 모른다는 생각을 하게 되었고, 곧 연구에 착수했습니다. 다른 사람들은 그런 것 다 포기하라고 말합니다. 그러나 그 천문학자는 "아니야. 그 옆에 무엇인가 있을 거야"라면서 무려 65년을 그 연구에 바쳤습니다. 드디어 1886년에 그는 좀더 발전된 망원경을 통해서 해왕성이라는 별을 발견하기에 이르렀습니다. 그는 믿음 때문에 기다린 것입니다.

안나의 팔십사 년의 기다림. 안나는 선지자였으니까 하나님의 말씀을 통해서 메시야가 오실 것이라는 약속을 알았을 것입니다. 그러나 시므온처럼 생전에 메시야를 만날 것이라는 확실한 약속의 말씀을 받지는 못했습니다. 그래도 그 여인은 생전에 그분을 만나게 될지도 모른다는 막연한 기대 속에 약속의 말씀을 붙들고 기다리며 살았습니다.

이 팔십사 년의 세월을 누가 이 여인에게 보상해 줄 수 있겠습니까? 그러나 어느 날 성전에 들어가 있다가 시므온이 안고 있는 그 아기를 바라보았을 때 안나는 그 아기가 메시야라는 것을 알아차렸습니다. 그 순간 이 여인이 느꼈을 감격을 이해하겠습니까? 그 순간 이 여인은 잃어버린 팔십사 년의 세월을 다 보상받았던 것입니다.

"오셨구나!"

이 여인은 결혼한 지 7년만에 남편을 잃었으니까 진짜 나이는 아흔하나 이상입니다. 이 늙은 여인과 아기의 만남. 메시야를 만나는 순간, 이 여인의 모든 기다림의 세월은 가치가 있었을 것입니다. 당신은 이 여인의 믿음의 감격을 이해할 수 있습니까?

유명한 현대의 내과 의사요 정신과 의사인 폴 토우르니에(Paul Tournier)라는 분은 현대인들의 신앙의 구조를 검토하면서 이런 유명한 이야기를 했습니다.
"현대 신앙인의 비극 중에 하나는 그들이 구도(求道)의 정신을 상실했다는 것이다."
교회에 나가는 사람들은 많지만 정말 진지하게 진리를 찾는 사람들은 드뭅니다. 진지하게 찾지 않으니 어찌 진리를 발견했을 때의 감격을 알겠습니까? 구원의 놀라운 진리를 발견하고, 하나님이 내 아버지이신 것과 내 삶이 거듭나는 것을 발견함으로써 영혼 깊은 곳에서부터 솟아오르는 기쁨과 감격을 느껴 보셨습니까? 팔십사 년의 기다림은 팔십사 년의 추구였습니다. 드디어 자기 눈앞에서 아기로 오신 하나님, 전 인류의 운명과 역사의 운명을 바꿀 수 있는 이 놀라운 메시야를 목격하게 됩니다. 이 여인의 가슴 터지는 그 감격을 짐작하시겠습니까?

안나의 감사와 증언

38절을 보십시오.
"마침 이 때에 나아와서 하나님께 감사하고…."
성경은 이렇게 간단하게 기록했지만, 이것은 얼마나 가슴벅찬 감사였습니까?
"오셨군요! 나에게 메시야를 만날 수 있는 감격과 경배할 수 있는 감격을 주신 나의 하나님, 감사합니다."
이 여인의 엎드러지는 가슴과 영혼이 파열되는 감사를 당신은 정말 이해할 수 있습니까? 당신은 하나님이 내 아버지라는 사실 하나 때문에 떨리는 가슴으로 감격과 감사를 주님 앞에 드려 보았습니까?

이 성탄에 팔십사 년의 기다림의 세월을 보상받은 안나의 감사와 같은 가슴 터지는 감사가 당신에게 있습니까?

"하나님께 감사하고."

38절을 계속 보십시오.

"…예루살렘의 구속(救贖)됨을 바라는 모든 사람에게 이 아기에 대하여 말하니라."

당신이 메시야를 만났다면, 당신이 하나님의 영광을 목격했다면, 당신의 영혼을 구속(救贖)하는 이 놀라운 체험이 당신에게 임했다면 어떻게 잠잠할 수 있습니까?

"예루살렘의 구속을 바라는 모든 사람에게."

기대가 없는 사람들에게는 말해야 소용이 없습니다.

"진주를 개나 돼지에게 던지지 말라."

가슴이 없는 사람들에게 이 멧세지는 전해져도 말짱 헛것입니다.

"그러나 예루살렘의 「구속」(救贖)을 바라는 모든 자에게…"

이 구절에 나오는 구속(救贖)이라는 낱말이 그 당시에는 몇 가지로 다르게 이해되고 있었습니다.

당시 **바리새인들**은 이 말을 오늘날 자유주의적인 신학자들이 생각하는 것처럼 정치적인 의미로만 해석했습니다. 즉, 이스라엘 민족을 로마의 압제에서 해방시킨다는 의미로 생각했던 것입니다.

그 당시의 **사두개인들**은 아예 그런 기대를 포기하고 살았습니다.

"구속(救贖)이라니, 그냥 이대로 사는 거지."

그래서 그들은 어느 정도 친로마파로서의 삶을 살기도 했던 것입니다.

그런데 그 당시에 유명했던 바리새인이나 사두개인들 말고 또 하나의 종교 집단이 있었습니다. 에쎄네파라는 집단인데, 이들은 구속(救贖)이라는 단어를 도덕적, 영적 의미로 생각했습니다. 즉, 메시야가 오실 때 그분이 우리 민족을 정치적으로 자유케 하는 것도 사실이겠지만, 그보다는 죄의 사슬에서 우리를 자유케 하여 존재 자체에 참 자유를 주시리라 생각했던 것입니다.

많은 학자들이 안나가 바로 에쎄네파의 전통에 속하는 여인이라고 생각합니다. 왜냐하면 에쎄네파 사람들이 금식하는 일을 많이 했기 때문입니다. 그렇습니다. 이 여인의 구속(救贖)의 희망은 단순히 사회가 달라진다는 정치적 기대가 아니었습니다. 안나가 바라는 구속(救贖)은 나의 삶을 새롭게 할 수 있는 분, 내 눈을 열어 영원을 보여 주실 그분, 나로 하여금 하나님을 참으로 알게 할 수 있는 분, 나의 구세주를 기다리는 것이었습니다.

"예루살렘의 구속(救贖)됨을 바라는 모든 사람에게 이 아기에 대하여 말하니라."
안나는 언제부터 이 아기에 대하여 말하기 시작했습니까? 이 아기를 발견한 그 순간부터입니다. 요한복음 4장에 나오는 사마리아 여인은 언제부터 전도를 시작했습니까? 예수가 자기의 비밀을 알고 자기의 삶을 새롭게 할 수 있는 구주라는 놀라운 사실을 깨닫자마자 사마리아 여인은 물동이를 버려두고 동네로 뛰어들어갑니다. 그리고 외칩니다.
"나에게 이 모든 사실을 와서 말하여 준 사람을 보라. 이 분이 바로 그리스도가 아니냐."
그녀는 그리스도를 만난 순간부터 전도했던 것입니다.
D.L. 무디는 이렇게 말합니다.
"그리스도인이란 증거가 무엇인가? 나는 전도하지 않는 사람들을 그리스도인이라고 생각할 수 없다. 상상할 수도 없다. 어떻게 전도하지 않는 사람들이 그리스도인일 수가 있단 말인가?"

메시야를 만난 사람, 그분이 나의 구세주라며 펄펄 뛰는 감격이 있는 사람, 하늘나라의 영원한 소망을 갖게 된 사람, 주님의 은혜로 죄사함 받은 감격이 있는 사람, 주께서 놀라우신 은혜와 사랑으로 나를 받아주시고 나를 자녀삼으셨다는 사실에 대한 감격과 환희가 있는 사람, 이런 사람이 어떻게 입을 다물고 있을 수 있습니까? 무디는 이렇게 말합니다.

"나는 복음을 증거하지 않는 사람들의 신앙의 근본을 의심한다. 그가 어떻게 그리스도인일 수 있다는 말인가?"

메시야를 만나자마자 그 순간 입술을 열어 이 아기가 우리가 기다리는 구속주요 메시야임을 증거했던 안나처럼, 당신은 이 성탄에 당신의 영혼 속에 찾아오신 이 놀라운 구세주에 대한 감격을 가지고 만나는 사람마다 "우리가 기다리던 구세주가 오셨습니다. 그분이 나의 삶을 새롭게 하셨습니다. 그분이 나에게 영생을 주셨습니다. 그분이 내 삶을 바꾸었습니다. 그분 때문에 내 삶이 달라졌습니다. 당신은 그분을 아십니까?"라고 입을 열어 증언할 수 있습니까? 이 증언이 사라진다면, 이 감격이 없다면, 저는 솔직히 당신의 기본적인 신앙을 의심하게 됩니다. 아무리 오랫동안 교회에 출석하고 아무리 많은 교회 봉사를 한다 해도, 이러한 증언이 없다면 당신은 아직까지도 전혀 그리스도와 상관이 없는 자리에 있는지도 모릅니다.

당신은 그리스도인입니까?

예수 그리스도만이 이 계절에 대한 진정한 이유가 되십니다. 그분이 나의 구세주이십니다.

"주여, 내가 이제 주의 구원을 보았나이다."

그분은 영광이십니다. 그분은 어둠 속에 있는 자들에게 빛으로 오셨습니다. 그분이 당신을 구원하십니다. 그분은 나의 슬픔의 자리에서 나의 위로가 되십니다. 나의 능력이 되십니다. 나의 변화가 되십니다. 나의 거룩함이 되십니다. 나의 영광이 되십니다. 이 그리스도를 아시나요?

"하나님께 감사하고"라고 한 줄로 기록된 말씀, 그러나 이 밑바탕에는 안나의 가슴벅찬 감사가 있었을 것입니다. 당신에게는 그분이 나의 메시야라는 사실에 대한 가슴벅찬 감사가 있습니까? 첫번 크리스마스에 감사의 고백을 드렸던 이 여인 안나에게서 진정한 감사를 배우는 당신이 되시기를 바랍니다.

6

성탄을 준비하지 못한 사람들

오래 전에 영국의 런던에서 있었던 일입니다. 폭우가 쏟아지던 어느 여름날, 런던 교외의 한 농가를 지나가던 일단의 사람들이 그 집 주인에게 우산을 하나만 빌릴 수 있는지 물었습니다. 주인은 별 생각 없이 자신이 쓰던 우산 중에서 다 부서진 낡은 우산 하나를 쓰도록 내어 주었습니다. 그들은 자기들의 주인인 한 여인에게 그 우산을 씌워 주고 그곳을 떠났습니다.

다음 날 어떤 사람이 아주 예쁘게 포장된 편지와 함께 그 우산을 다시 가져왔는데, 그 편지에는 "참 감사합니다"라는 정중한 인사와 함께 어제 우산을 빌렸던 여자의 싸인이 기록되어 있었습니다. 그 싸인은 '엘리자베스 여왕'이라고 되어 있었습니다. 농부는 얼마나 가슴을 치며 후회했겠습니까?

"그런 줄 알았더라면 내가 정성을 다해서 그분을 영접했을텐데. 그분에게 내가 가진 가장 좋은 우산을 드렸을 것을…"

런던 교외의 허름한 농가에서 있었던 이 농부의 실수, 즉 여왕을 여왕으로 알아보지 못하고 제대로 대접하지 못했던 이 비극적인 실수가 성탄을 맞이했던 팔레스틴 땅에서도 일어났습니다. 만왕의 왕이시고 만주의 주(主)이신 예수께서 유대 땅에 오셨건만, 이 사건의 엄청난 의미를 깨닫지 못하고 그분을 만날 수 있는 특권을 상실했던 사람들의 이야기가 성경에 기록되고 있습니다.

성탄을 준비하지 못한 사람들이 어떤 사람들이었는지 생각해 보기로 해겠습니다.

헤롯 왕

그 당시 유대 땅을 통치하고 있었던 헤롯은 메시야가 유대 땅에 탄생하셨다는 소식을 분명하고도 확실하게 들었습니다. 본문은 이렇게 시작합니다.

"헤롯 왕 때에 예수께서 유대 베들레헴에서 나시매 동방으로부터 박사들이 예루살렘에 이르러 말하되 유대인의 왕으로 나신 이가 어디 계시뇨 우리가 동방에서 그의 별을 보고 그에게 경배하러 왔노라 하니"(1, 2절).

이들이 말하는 "유대인의 왕"은 보통의 왕이 아닙니다. 구약성경에 약속된 메시야, 우리를 죄와 사망에서 구원하실 메시야, 나에게 하늘나라를 보여 주실 메시야, 내 삶의 모든 문제의 대답이 되고 생명의 주(主)가 되는 그 메시야가 탄생하셨다는 이야기입니다. 동방에서부터 찾아온 이 박사들은 일단 유대의 수도(首都)인 예루살렘에 이르러서 그 나라의 최고 책임자에게 "만왕의 왕이 오셨다는데 그분이 어디에서 탄생하셨습니까?"라고 묻는 것입니다.

7절 이하를 보십시오.

"이에 헤롯이 가만히 박사들을 불러 별이 나타난 때를 자세히 묻고 베들레헴으로 보내며 이르되 가서 아기에 대하여 자세히 알아보고 찾거든 내게 고하여 나도 가서 그에게 경배하게 하라"(7, 8절).

헤롯도 그분이 경배받아야 할 분이라는 사실을 알았던 것 같습니다. 그러나 그의 마음 속에는 다른 음모가 진행되고 있었습니다. 그는 그 아기가 경배해야 할 분이라는 것을 알기는 했지만, 진실로 그렇게 하고 싶다는 생각은 없었던 것 같습니다. "내가 왕인데"라는 의식 혹은 경쟁 의식 같은 것이 있어서 조금은 불쾌했을지도 모르고 불안해 했을지도 모릅니다.

우리는 헤롯이 나중에 어떻게 했는지를 잘 압니다. 16절을 보십시오.

"이에 헤롯이 박사들에게 속은 줄을 알고 심히 노하여 사람을 보내어 베들레헴과 그 모든 지경 안에 있는 사내아이를 박사들에게 자세히 알아본 그 때를 표준하여 두 살부터 그 아래로 다 죽이니."

살륙의 칼을 가지고 크리스마스를 맞이하려고 했던 이 헤롯의 오류는 과거의 이야기만은 아닙니다. 오늘날 많은 사람들이 교회에 출석하기를 거절하고 있는 이유가 무엇이라고 생각하십니까? 아니 교회는 많은 사람들이 드나드는데, 그들이 예수님을 자기의 참 구세주와 주님으로 영접하지도 않고 그분을 경배하지도 않고 섬기지도 않는 이유가 어디에 있다고 생각하십니까? 그것은 헤롯이 그 아기가 메시야인 것과 그분에게 경배해야 된다는 것을 알았으면서도 불쾌하게 생각하며 음모를 꾸몄던 것과 같은 이유입니다. 즉, 그 예수님 때문에 자기가 손해본다고 생각한 것입니다.

많은 사람들이 교회 출석을 거절하는 이유 중의 하나는 교회에 나가는 것이 시간 낭비라고 생각하기 때문입니다. 주일 아침에만 나오고 그 외의 예배는 절대로 참석하지 않는 분들이 많습니다. 그들은 예수가 진짜 구세주일지도 모르니까 안 믿기는 뭐하고 해서

일 주일에 한 번, 주일 11시부터 12시 반까지 선심쓰는 셈 치고 시간을 내는 것입니다. 그런 사람들은 헌금도 재산의 낭비라는 생각을 갖고 있을 것입니다. 또 아내가 예수 믿으면 아내를 예수에게 빼앗긴다고 생각하는 남편도 적지않게 있습니다. 그런 남편은 예수님을 자기의 경쟁자로 생각해서 아내가 예수를 열심히 믿지 못하도록 눈에 불을 켜고 방해를 하기도 합니다.

이런 사람들의 마음 속에는 헤롯과 동일한 종류의 의식이 흐르고 있는 것입니다. 헤롯의 이기심과 똑같은 이런 마음 때문에, 오늘도 그리스도를 만나지 못하고 교회의 문턱만 드나드는 허수아비 교인들이 얼마나 많습니까?

우리는 예수님을 찾아왔던 어떤 부자 청년의 이야기를 잘 압니다. 그는 영생에 대한 굶주림이 있었습니다. 구원을 받는다는 것이 무엇일까? 하나님을 믿는다는 것이 무엇일까? 죽은 다음에 무엇이 나를 기다리고 있을까? 영혼의 깊은 곳에서 끊임없이 솟아오르는 이러한 질문들 때문에 이 청년은 어느 날 과감하게 예수님을 찾아왔습니다. 그리고 이렇게 질문을 던집니다.
"선생님이여 내가 무슨 선한 일을 하여야 영생을 얻으리이까"(마 19:16).

예수께서는 이런 질문에 대해 사람마다 조금 다르게 대답을 하십니다. 예수께서는 이 청년으로 하여금 예수님을 믿지 못하게 하고 하나님을 섬기지 못하게 하는 가장 커다란 방해물이 재물에 대한 욕심이라는 것을 정확하게 아셨습니다. 우리를 지으신 분이 우리를 모르겠습니까? 예수께서는 그 청년이 재물에 대한 욕심을 극복하지 못하면 절대로 주님 앞에 나아올 수 없고 주님을 사랑할 수 없다는 것을 알았기 때문에 이렇게 말씀하십니다.
"가서 네 소유를 팔아 가난한 자들을 주라… 그리고 와서 나를 좇으라."

주께서 모든 사람들에게 그런 식으로 말씀하시지는 않습니다. 재물이야말로 하나님을 섬기는 가장 효과적인 수단이라고 생각하고 주님을 위해서 이것을 사용할 용의가 있는 사람들에게 주께서는 재물을 맡기시기도 합니다. 그러나 그 재물이 하나님을 사랑하는 일에 방해가 된다면 주께서는 그것을 버리라고 도전하시는 것입니다.

이 청년은 재물에 대한 욕심을 극복할 자신이 없었던지 등을 돌립니다. 성경에 보니까 "근심하며 가니라"고 되어 있는데, 저는 성경에서 가장 슬픈 대목이 바로 이 부분이 아닐까라는 생각을 합니다. 주님의 말씀을 따르지 못하고 돌아서는 이 청년의 슬픈 뒷모습을 그려 보십시오. 그것은 이기심을 극복하지 못해서 그런 것입니다.

당신은 어떻습니까? 예수 너무 열심히 믿으면 손해볼지 모른다는 생각 때문에 시간도 재물도 양보하지 않은 채 일 주일에 한 번 교회 출석하는 것으로 만족하고 있지는 않습니까? 당신으로 하여금 하나님을 하나님으로 섬기지 못하게 하는 방해물은 무엇입니까? 우리는 이 헤롯의 사건 앞에서 우리 내부에 자리잡고 있는 이 기심의 정체를 주목할 필요가 있지 않겠습니까? 성탄을 잃어버렸던 헤롯의 비극을 경험하지 않기 위해서….

서기관들

서기관들은 당대의 대표적인 종교 지도자들입니다. 헤롯 왕은 동방 박사들의 이야기를 듣고 이 서기관들에게 자문을 구했습니다. 4절을 보십시오.

"왕이 모든 대제사장과 백성의 서기관들을 모아 그리스도가 어디서 나겠느뇨 물으니 가로되 유대 베들레헴이오니 이는 선지자로 이렇게 기록된바"(4, 5절).

"예, 헤롯 대왕이시여. 구약성경의 미가서에 의할 것 같으면, 메시야는 틀림없이 우리 유대 땅 저 베들레헴에서 탄생한다고 기록되어 있습니다."

얼마나 성경을 잘 아는 사람들입니까? 그들은 정확하게 예수 탄생의 장소를 사람들에게 알렸습니다. 그런데 아기 예수의 탄생을 축하하러 온 사람들 중에는 서기관과 제사장들의 얼굴이 보이지 않습니다. 그들은 아는 것에서만 그친 것입니다.

교회에 몇 년 다니다 보면, 소위 종교적 지식은 저절로 증가하기 마련입니다. 예수님이 구세주라는 것과 하나님이 살아계시다는 것, 그리고 성경에 대해서도 어느 정도 잘 알게 됩니다. 그러나 그 아는 단계를 넘어서지 못하는 사람들이 얼마나 많이 있습니까? 저는 이러한 현상을 '행동에의 의지가 없는 단순한 지적 호기심의 비극'이라고 말하고 싶습니다. 주께서 하신 이 말씀을 따라 내 삶을 바꿔 보고자 하는 그리고 그분 안에서 내 장래의 영광스러운 목표를 수정해 보고자 하는 의도가 없는 것, 이것은 '마음이 없는 머리의 종교의 비극'입니다.

서기관들은 예수님의 탄생 장소를 알았습니다. 그러나 베들레헴까지 찾아갈 수 있는 발이 없었습니다. 아기 예수 앞에 내어놓을 수 있는 손이 없었습니다. 손도 없고 발도 없고 머리만 있는 단순한 지식, 이것이 서기관들의 비극이고 제사장들의 비극이었습니다.

오늘날 똑같은 유형의 사람들이 교회의 자리를 메꾸고 있는 것을 볼 수 있습니다. 야고보서 2장 19절에 보면, 참 재미있는 말씀이 기록되어 있습니다.

"네가 하나님은 한 분이신 줄을 믿느냐 잘하는도다 귀신들도 믿고 떠느니라."

저는 "하나님이 한 분이라는 사실을 믿습니다"라고 말합니다. 그러나 성경은 그런 믿음은 귀신도 갖고 있다고 말합니다. 악령이 존재한다면, 이 악령은 하나님이 절대자이시고 전지전능하시며 살아 계시다는 사실을 압니다. 또한 믿습니다. 그러나 그 믿음은 지식에 불과한 믿음입니다.

하나님이 우리를 사랑하셔서 예수님을 보내셨다는 것과 예수께서 인류의 죄를 담당하기 위해서 십자가에 달려 돌아가셨다는 것을 귀신도 압니다. 그러나 이 귀신들이 하나님 앞에 항복합니까? 신앙은 항복으로 시작되는 것입니다. 예배는 항복입니다. "하나님이 나의 창조주이십니다. 그분은 나에게서 찬양과 영광과 존귀를 받으시기에 합당하십니다. 나는 죄인입니다"라는 항복말입니다. 당신에게 이 항복의 사건이 있었습니까? 알기는 하지만 예배가 없는 사람들, 알기는 하지만 고백이 없는 사람들, 알기는 하지만 봉사가 없는 사람들, 알기는 하지만 섬김이 없는 사람들, 그런 자들에게 야고보 사도는 "잘한다. 그런 믿음은 귀신들도 갖고 있느니라"고 말합니다.

계속해서 사도 야고보는 이 장(章)의 마지막 멧세지에서 우리에게 이렇게 도전합니다.
"행함이 없는 믿음은 죽은 것이니라"(약 2:26).
그렇습니다. 자신이 아는 성경의 지식을 자신의 삶 속에 적용할 용의가 없는 그 신앙은 죽은 것입니다. 그것은 전혀 의미가 없는 헛것입니다. 그 지식이 우리를 구원하겠습니까? 행함이 없는 단순한 앎은 아무 소용이 없습니다.

안다는 것은 중요한 것입니다. 행동에 옮기기 위한 앎은 필요한 것이고, 우리가 거쳐야 할 단계입니다. 한국에 기독교 붐이 일어나서, 성경 공부가 굉장히 유행하고 있습니다. 그러나 개중에는 취미나 상식으로 성경을 공부하는 사람들이 있습니다.

당신은 어떤 자세로 성경 공부에 임합니까? 왜 공부합니까? 생명을 위하여 이 말씀을 접합니까? 살아계신 하나님을 만나기 위해서 이 말씀 앞에 옵니까? 내가 어떤 사람인가를 알기 위하여 이 진리의 말씀 앞에 나를 내어놓고 계십니까? 그리고 그분의 명령에 순종할 준비와 자세를 가지고 말씀을 바라보십니까? "주여 말씀하옵소서 제가 듣겠나이다, 주의 말씀은 내 발의 등이요 내 길의 빛이니이다, 주께 영생의 말씀이 계시매 제가 뉘게로 가오리이까"라는 자세가 있습니까?

알기는 알았지만 주님을 만나지 못했던 그 당시의 종교인들의 비극을 기억하십시오. 우리는 똑같은 종류의 얼굴들을 오늘날의 교회 속에서 발견할 수 있지는 않습니까?

여관 주인

누가복음 2장 7절을 보십시오.
"맏아들을 낳아 강보로 싸서 구유에 뉘었으니 이는 사관(舍館)에 있을 곳이 없음이러라."

그 당시에 베들레헴에는 호적을 하기 위해서 수많은 사람들이 몰려와 있었습니다. 여관 방을 얻지 못했기 때문에 전능하신 하나님의 아들 예수께서는 구유에서 탄생하십니다. 다른 많은 손님들을 맞이하고 있던 그 여관 주인의 모습을 한번 상상해 보십시오. 그는 얼마나 예수님 가까이에 있었습니까? 그러나 만왕의 왕, 만주의 주(主) 옆에 그토록 가까이 있었던 이 여관 주인은 예수님을 맞아들이지 못했습니다.

역사의 주인 되신 예수께서 오시자마자, 역사는 B.C.와 A.D.로 나누어졌습니다. 예수님이 오시자, 우리는 그때부터 역사를 다시 세기 시작했던 것입니다. 또 사람들은 예수님을 만나서 자신의 삶이 변화되었다고 입술을 모아 증언합니다. 우리의 세계관과 인생관을 바꾸어 놓으신 그분, 죽음의 침상에서 영생의 확신을 가지고 천국을 향한 여정을 담대하게 떠나갔던 수많은 신앙의 선배들의 고백의 주인공이신 그분, 세상의 민족들이 그 이름 앞에 감격하고 소요하는 이드라마의 주인공이신 놀라우신 예수 그리스도, 그분이 오셨습니다. 그분이 바로 문 밖에 계셨습니다. 그런데 왜 이 여관 주인이 예수님을 맞이하지 못했다고 생각하십니까? 간단합니다. 바빠서 그랬을 것입니다. 손님들이 밀어닥치니까 팁을 두둑하게 주는 귀빈들을 맞이하느라고 정신이 없어서, 정말로 중요하고 귀한 손님이신 예수님을 놓치고 말았던 것입니다. 예수님이 바로 옆에 있었는데 그분을 놓쳐 버리다니….

저는 이것을 이렇게 이야기하고 싶습니다. 그저 먹고 사느라고 바빠서 그리스도를 받아들이지 못하는 사람들, 일상적 삶에 도취되어서 무엇이 더 중요한 것인가를 망각하고 있는 사람들, 자신이 죄인인 것을 잊어버리고 자기 죄의 문제를 해결하기 위해서 이 땅에 오신 하나님의 아들 예수 그리스도의 십자가 사건을 망각하고 있는 사람들, 그분 앞에 서서 어떻게 자신의 일생을 결산할 것인가를 생각지 않고 있는 사람들, 이런 사람들의 비극이 바로 여관 주인의 비극인 것입니다.

생각해 보십시오. 생명이 떨어지는 그 순간, 내 목숨이 영원을 향해서 떠나가는 그 순간 돈이 무슨 소용이 있겠습니까? 혹시 당신은 일상적 삶에 대한 도취 때문에 더 중요한 사건을 망각하고 있지는 않습니까?

2차 세계대전이 한창인 1944년 6월, 나치 독일에게 결정적 패배를 안겨다 준 한 사건에 대해서 알고 있는 사람들은 그렇게 많지 않은 것 같습니다. 히틀러가 제일 신임하던 독일의 명장 롬멜이라는 사람이 있습니다. 이 장군은 독일이 구라파와 전 세계를 지배하기 위해서는 프랑스를 잘 지키는 것이 가장 중요하다는 사실을 누구보다도 강력히 주장했던 장군입니다. 그래서 그는 프랑스의 남부 해안을 지키고 그 지역을 요새화하는 일에 총력을 기울였습니다.

그런데 5월 말쯤, 며칠간 그곳의 날씨가 좋지 않았습니다. 바다에는 안개가 자욱해서 작전을 전개하기가 불가능했습니다. 그래서 롬멜 장군은 며칠간 좀 쉬는 것이 필요하다고 생각했습니다. 마침 6월 6일이 아내의 생일이어서, 롬멜은 아내와 시간을 보내기 위해 베를린으로 돌아왔습니다. 아내의 생일 다음 날 새벽, 롬멜은 연합군의 노르만디 상륙 작전이 시작되었다는 소식을 듣게 되었습니다. 롬멜이 아내의 생일을 축하하기 위해 베를린으로 돌아간 것이 독일에게 결정적인 패배를 안겨 주었던 것입니다. 또 그로 인해 구라파 역사가 바뀌게 되었던 것입니다. 이렇듯 작은 일 때문에 중대한 일을 실수하는 비극이 종종 역사 속에 일어납니다.

땀 흘려 일하는 것이 중요하지 않다는 이야기가 아닙니다. 살아가려면 돈 버는 일이 필요합니다. 그러나 이것 때문에 가장 중요한 문제를 놓쳐서는 안 됩니다. 내 영혼은 하나님 앞에 어떤 모습으로 만들어져 가고 있는가? 이 짧막한 삶이 끝날 때 나는 저 영원의 순간 앞에서 어떤 모습으로 설 것인가? 나의 창조주인 그분 앞에서 내 삶은 어떤 모습으로 결산될 것인가? 내 생명의 주인 되시는 하나님 앞에 나는 이 순간을 어떻게 살고 있는가? 가장 중요한 이러한 물음에 대답할 생각은 하지 않고 덜 중요한 것들에만 빠져 있는 비극은 지금도 계속되고 있습니다.

잔치에 대한 예수님의 비유를 기억하십니까? 주인이 잔치를 열어서 사람들을 초청합니다. 사람들은 여러 가지 핑계를 댑니다. "밭을 사서 지금은 못 가겠습니다. 소를 사서 지금은 못 갑니다. 새 차를 샀기 때문에 오늘은 시험 운전을 해야 합니다. 집을 새로 계약해서 오늘 가봐야 하겠습니다."

우리는 이 비유를 통해서 주인의 마음을, 그 분노와 슬픔을 읽을 수 있어야 합니다. 주인은 어떻게 이야기합니까? "할 수 없다. 그들로 자기네들의 일을 하게 하라. 돈 버느라 바빠서 신앙에 대한 관심이 없는 사람들을 그대로 버려두라. 쾌락에 빠져서 살아계신 하나님을 향한 열정을 상실한 그들을 버려두라. 대신 마음이 가난한 자들을 데려오라. 천국을 향한 꿈을 가진 사람들을 데려오라. 예수님을 향한 불붙는 사랑의 마음을 가진 사람들을 데려오라. 내가 그들을 위해 이 잔치를 열겠노라."

이 비유에서 주인은 천국 잔치를 베풀고 우리를 초청하시는 예수님을 상징합니다. 당신은 이 주인의 마음을 이해합니까?

어느 날 이 세상 역사의 막이 내릴 때의 광경을 주께서는 이렇게 묘사하십니다. 마태복음 24장 37절 이하를 보십시오. "노아의 때와 같이 인자(人子)의 임함도 그러하리라 홍수 전에 노아가 방주에 들어가던 날까지 사람들이 먹고 마시고 장가들고 시집가고 있으면서 홍수가 나서 저희를 다 멸하기까지 깨닫지 못하였으니 인자의 임함도 이와 같으리라"(37~39절).

오해하지 마십시오. 여기에서 주님이 정죄하는 것은 먹고 마시고 시집가는 것이 아닙니다. 주님은 결혼 잔치에 참석하셔서 축복하셨습니다. 주께서는 잔치의 소중함을 아셨던 것입니다. 그분은 또한 인생의 낭만을 거절하시는 분이 아닙니다. 그러나 이 말씀의 강조점은 그들이 인자의 다시 오심을 깨닫지 못했다는 사실에 있습니다.

"먹고 마시고 장가들고 시집가고 있으면서 홍수가 나서 저희를 다 멸하기까지 「깨닫지 못하였으니」."

이들은 개인적인 사소한 일 때문에 바빠서 더 중요한 사건을 망각하고 하나님과의 관계를 갖지 못했던 사람들, 그리스도 예수를 통한 구원의 은혜와 구속의 감격을 몰랐던 사람들, 주님 안에서 사는 새 생명의 기쁨과 하나님과 함께하는 영광스러운 삶을 놓쳤던 사람들입니다.

당신의 성탄은 어떠한가?

당신은 이 비극적인 삶의 행렬의 선두를 장식했던 첫번 크리마스의 주인공들과 비슷한 사람이 아닙니까? 이기심과 욕심 때문에 주님을 영접하지 못하고 있는 것은 아닙니까? 예수님 때문에 내가 무엇을 손해본다고 생각해서 그분 앞에 자신을 드리지 못하고 있는 것은 아닙니까? 알 것은 다 알면서도 그 이상은 행동하지 못하는 것이 바로 당신의 모습은 아닙니까? 혹시 당신은 이 여관 주인처럼 주님을 가장 가까운 자리에 놓아두고도 일상적인 삶에 대한 관심 때문에 창조주 되신 주님과 관계를 맺지 못하고 있는 것은 아닙니까? 그래서 이 크리스마스가 별 의미가 없는 하나의 휴일로 느껴지는 것은 아닙니까?

성경의 가장 슬픈 구절 중의 하나는 요한복음 1장 11절이라고 생각됩니다.

"자기 땅에 오매 자기 백성이 영접지 아니하였으나."

예수께서 자신이 만드신 이 땅에 오셨으나 사람들은 그분을 맞아들이지 않았습니다. 그러나 이 구절이 거기에서 끝나지 않는 것이 얼마나 다행입니까? 그 다음 구절은 이렇게 말합니다.

"영접하는 자 곧 그 이름을 믿는 자들에게는 하나님의 자녀가 되는 권세를 주셨으니"(12절).

이 예수 그리스도를 구주와 주님으로 영접하고, 살아계신 그분으로 인한 감동과 환희와 희열을 가지고 크리스마스의 기쁨을 찬양하는 성도들은 어디에 있습니까? 성탄의 종은 그들을 위해서 울리는 것입니다.

당신은 왜 아직도 그 주님을 당신의 마음과 삶 속에 받아들이지 못하고 있습니까? 당신은 왜 아직도 그분을 위해서 살지 못하고 있습니까? 무엇 때문입니까? 욕심 때문입니까? 이기심 때문입니까? 무관심 때문입니까? 아니면 세상의 재미 때문입니까?

"주여, 우리가 첫번째 크리스마스를 놓쳐 버린 사람들의 모습을 닮지 않게 되기를 구합니다. 우리 가운데 헤롯의 얼굴을 닮은 자가 없게 하여 주옵소서. 여관 주인과 같은 사람들이 있을까 두렵습니다. 성경을 알지만 아는 것에서 그치고, 그분을 내 마음과 삶 속에 모시고 사는 삶이 없는 이들을 위하여 슬퍼합니다. 이 성탄에 우리는 주님이 내게 오신 사실 때문에 기쁨이 있습니다. 그러나 그 예수님을 구주로 알지 못하고 있는 이웃들을 바라보는 슬픔이 있습니다. 주여, 이 슬픔 때문에 사랑하는 이웃들에게 복음을 가지고 나아가서 전하는 성탄이 되게 하여 주소서.

그분이 우리의 구주입니다. 그분이 나를 구원하신 생명의 주님이십니다. 그분이 보배로운 피를 흘려 나를 죄와 사망에서 구원하셨습니다. 살아계신 그 주님 때문에 내 삶은 의미가 있습니다. 영생의 감격이 있습니다. 이 깊은 감사와 감격 속에 주님을 향한 찬양과 환희를 터뜨리는 성탄이 되게 하옵소서.

주님이 내게 오신 것을 소리쳐 찬송하고 싶습니다. 예수님이 나의 주님이 되어 주시고 내가 그리스도인이 된 사실, 이것은 아무리 생각해도 신기한 기적입니다. 하나님의 은혜 때문입니다. 주님의 인도하심으로 제가 주님을 알게 되었습니다.

이제 역사와 인생의 비밀과 수수께끼를 알고, 그 하나님을 나의 아버지라고 부르며, 그 예수님을 구주로 모시고 살게 되었습니다. 이 삶이 행복입니다. 주여, 이 땅에서 지낼 때 생활 필수품이 부족하여도 나는 행복한 사람입니다. 주께서 내 안에 계시기 때문입니다. 이 행복의 근원이신 주님 때문에 기뻐하고 주님을 전하며 주님을 선물하는 이 계절이 되게 하소서. 이웃들에게 단순히 카드나 선물만을 전달하는 것이 아니라 '주님이 당신을 위해서 피흘려 돌아가셨습니다. 그분을 당신의 주님으로 맞아들이십시오'라고 복음을 전하는 성탄의 계절이 될 수 있도록 도와주옵소서.

머리는 있어도 베들레헴에 찾아갈 손과 발이 없었던 서기관의 비극이 우리의 비극이 되지 않도록 도우소서. 주께서 오신 이 계절에, 우리에게는 단순한 성탄의 낭만이 아닌 영혼 깊은 곳에서 우러나오는 큰 설레임과 환희가 있습니다. 주 안에서 영생을 얻었기 때문입니다. 주님, 감사합니다. 우리의 찬양을 받으소서."

제 2 부

성탄의 의미

7

놀라운 그 이름

본문은 B.C. 759년에 기록된 이사야의 예언입니다. 6절 말씀을 보십시오.

"이는 한 아기가 우리에게 났고 한 아들을 우리에게 주신 바 되었는데 그 어깨에는 정사(政事)를 메었고 그 이름은 기묘자(奇妙者)라, 모사(謀士)라, 전능하신 하나님이라, 영존하시는 아버지라, 평강의 왕이라 할 것임이라"(6절).

여기서 "한 아기가 우리에게 났고"라는 말씀은 시제가 과거로 되어 있습니다. 히브리어에는 「결과 동사」라고 해서 앞으로 일어날 사건이 이미 일어난 것이나 진배없이 확실할 때 그것을 과거로 표시하는 특별한 형식이 있습니다.

이태리의 한 작은 마을에 고전적인 분위기의 아름다운 교회당이 있는데, 이 교회의 벽에는 유명한 성화가 그려져 있습니다. 구약성경에 나오는 여러 인물들, 예를 들면 예레미야, 모세, 다윗, 이사야,

미가와 같은 사람들의 얼굴이 한 방향을 주시하고 있는 그림입니다. 그런데 그 건너편 벽에는 그리스도의 그림이 그려져 있습니다. 이 한 쌍의 그림은 구약성경에 나타난 모든 인물들이 한 사람, 예수 그리스도의 출현을 바라보고 있었다는 것을 증언하는 그림입니다.

이 얼마나 놀라운 사실인가 생각해 보십시오. 이사야 선지자는 예수님이 오시기 700년 전에 '처녀가 잉태하여 아들을 낳을 것이며, 이 아기는 온 세계를 다스리는 고난을 그 어깨에 걸머지고 있는 아기이다'라는 사실을 예언했습니다.

"아들이 주어졌다. 그 이름은 기묘자라, 모사라, 전능하신 하나님이라, 영존하시는 아버지라, 평강의 왕이라."

놀라운 아기입니다. 어깨에는 정사를 메고 있다고 말합니다. 이것은 이 아기가 우주를 통치하고 세계사와 민족사와 역사를 주관할 힘을 갖고 있다는 이야기입니다. 개인과 민족들의 운명은 이 아기의 손에 달려 있게 될 것입니다.

예수께서 승천하기시 직전에 제자들을 모으시고 주신 말씀 가운데 이런 것이 있습니다.

"하늘과 땅의 모든 권세를 내게 주셨으니…"(마 28:18).

그분은 실상 하늘과 땅의 권세를 가지고 계신 분이었습니다. 고린도전서 15장 25절에서 바울은 이렇게 말합니다.

"저가 모든 원수를 그 발 아래 둘 때까지 불가불 「왕노릇하시리니」."

성경은 그분을 왕으로 묘사하고 있습니다. 예수께서 여인 마리아에게 잉태되던 그 밤에 천사는 이렇게 말씀을 전했습니다.

"저가 큰 자가 되고 지극히 높으신 이의 아들이라 일컬을 것이요 주(主) 하나님께서 그 조상 다윗의 위(位)를 저에게 주시리니 영원히 야곱의 집에 「왕노릇하실 것이며」 그 나라가 무궁하리라"(눅 1:32, 33).

유대인들에게 그들이 제일 존경하는 왕이 누구냐고 물어 보면 그들은 이구동성으로 다윗 왕이라고 말할 것입니다. 그런데 성경은 "이 다윗보다 더 놀랍고 더 지혜로운, 그리고 더 많은 사람들에게 영향을 끼칠 한 왕이 역사에 나타나게 될 것이다"라고 말합니다.

성경을 통해서, 자연을 통해서 그리고 하나님의 계시를 통해서 메시야의 위대한 출현 소식을 접한 동방의 박사들은 긴 여행 끝에 드디어 예루살렘에 도착했습니다. 그리고 이렇게 질문을 던집니다. "유대인의 왕으로 나신 이가 어디 계시뇨."

그분은 왕입니다. 그러나 유대인만의 왕은 아닙니다. 예수 그리스도를 받아들이고 그분 앞에 복종하는 모든 사람들에게, 모든 민족들에게 그분은 왕이 되실 것입니다.

요한계시록의 절정에 보면, 다시 오시는 그리스도를 가리켜서 "그분은 만왕의 왕"이라고 묘사합니다. 그분은 왕이십니다.

마태복음 25장에 보면, 예수께서 다시 오실 때의 영광스러운 장면이 묘사되고 있습니다. 모든 천사들과 함께 하나님의 백성들을 거느리고 영광 중에 역사의 막을 내리기 위해서 다시 찾아오실 그분, 그분은 왕으로서 다시 오시는 것입니다.

빌립보서 2장 10절 이하에 보면, 바울 사도는 어느 날 하늘에 있는 자들과 땅에 있는 자들과 땅 아래에 있는 자들이 그 모든 무릎을 예수의 이름 앞에 꿇게 될 것이라고 증언합니다. 크리스마스는 바로 이 만왕의 오심을 선포하는 사건입니다.

그 어깨에 세계를 통치하고 모든 사람을 다스릴 수 있는 권세를 짊어지신 놀라운 그분, 그분은 아기로 오셨습니다. 만약 그분이 칼을 가지고 거대한 군사를 거느리고 출현하셨다면, 우리는 그분에게 접근하기가 얼마나 어려웠겠습니까? 그러나 그분은 베들레헴의 구유로 자신의 거처를 삼고 탄생하셨습니다. 이 역설! 부자나 가난한 자들이 접근하기 쉽도록 하기 위해서 너무 자비롭고 너무 아름다운 아기의 이미지를 갖고 찾아오신 하나님!

이사야 선지자는 예언을 계속합니다. 이 놀라운 아기의 이름을 무엇이라고 합니까? 다섯 가지가 나오는데 하나 하나 살펴보겠습니다.

기묘자(Wonderful)

기묘자라니요? 번역이 기묘하게 되었습니다. 영어 성경을 찾아 보니 그냥 "Wonderful"로 되어 있습니다. "이 아기의 이름은 아주 놀랍다"는 것입니다. 우리는 이 아기의 정체에 관해서, 이 아기의 존재에 관해서 놀랍다는 단어 외에 다른 단어로 설명할 길이 없습니다. 얼마나 적합한 설명입니까?

그분의 탄생은 얼마나 놀랍습니까? 성령님을 통해서 동정녀 마리아의 몸을 빌어서 탄생하신 그분! 또 그분의 생애는 얼마나 놀라운 생애입니까? 그분의 기적과 사랑과 말씀을 통한 교훈들은 어떻습니까? 그분의 죽음은 또 얼마나 놀라운 죽음입니까? 이 한 사람의 비극적인 죽음 앞에 세계의 수많은 사람들이 감동과 충격을 받고 새로운 삶을 결단하게 되었으니 얼마나 놀랍습니까? 이런 죽음이 어디에 있습니까? 그분의 부활은 얼마나 놀라운 사건입니까? 성경대로 사흘 만에 죄와 사망의 권세를 깨뜨리고 무덤의 문을 열고 다시 살아나신 그 놀라운 예수 그리스도, 전 세계는 이 사건을 기념하며 살아계신 주님을 묵상합니다. 또 그분의 재림은 얼마나 놀랍습니까? 영광 중에 천사들을 거느리고 천지와 우주와 역사를 심판하기 위해서 다시 오실 그분!

성경은 이 놀라운 분을 만나 본 사람들의 경이로운 간증으로 가득 차 있습니다.

마태복음 13장 54절을 보십시오.
"고향으로 돌아가사 저희 회당에서 가르치시니 저희가 「놀라」가로
되 이 사람의 이 지혜와 이런 능력이 어디서 났느뇨."
마태복음 22장 22절에 보면 바리새인들조차 이렇게 말합니다.
"저희가 이 말씀을 듣고 「기이히 여겨」 예수를 떠나가니라."
마태복음 7장에 보면, 예수께서 저 유명한 산상수훈을 마치셨을
때 무리들의 반응이 어떠했는지 나와 있습니다.
"예수께서 이 말씀을 마치시매 무리들이 그 가르치심에 「놀래니」
이는 그 가르치시는 것이 권세 있는 자와 같고 서기관들과 같지 아
니함이러라"(28, 29절).

마가복음 1장 27절을 보십시오.
"다 「놀라」 서로 물어 가로되 이는 어찜이뇨 권세 있는 새 교훈이
로다 더러운 귀신들을 명한즉 순종하는도다 하더라."
마가복음 7장 37절을 보십시오.
"사람들이 심히 「놀라」 가로되 그가 다 잘하였도다 귀머거리도 듣
게 하고 벙어리도 말하게 한다 하니라."
그분의 이 놀라운 사역! 중풍병자의 병을 치료하시고 그의 죄를
용서하시는 주님의 권위 앞에 사람들이 어떤 반응을 보이는지 누
가복음 5장 26절을 보십시오.
"모든 사람이 「놀라」 하나님께 영광을 돌리며 심히 두려워하여 가
로되 오늘날 우리가 「기이한」 일을 보았다 하니라."
그분의 사랑은 얼마나 놀랍습니까? 예수께서 친구 나사로의 무
덤 앞에서 눈물을 흘리시는 장면을 보고 유대인들조차 이렇게 말
합니다.
"보라 저가 얼마나 그를 사랑하였는가."
이 놀라운 아기! 예수 그리스도의 이름은 기묘자였습니다.

모사(Counselor)

"모사"라는 말의 어감이 좋지 않아서 왜 이 말을 썼나 하고 영어 성경을 살펴 보았습니다. 그런데 영어 성경에는 "상담자"라는 의미의 "Counselor"라고 되어 있었습니다. 우리나라에 상담자 제도가 있었다면 이 말을 이해했을텐데, 성경 번역 당시에는 그러한 제도가 없어서 지혜를 가지고 문제를 풀어 주는 놀라운 분이라는 의미로 "모사"라는 이상한 단어를 쓰게 된 것입니다.

오늘날 우리는 이 단어를 잘 이해할 수 있게 되었습니다. 우리 시대는 얼마나 상담자를 필요로 하고 있습니까? 불안, 공허, 고독, 허무와 같은 영혼의 질병에 걸려 있는 현대인들에게 상담자는 얼마나 절실하게 필요한 존재입니까? 내게는 밤새 내 문제를 토로할 수 있는 상담자가 필요합니다. 내 고민의 소리를 들어주고 나를 이해해 줄 친구가 필요한 것입니다. 그러나 우리에게는 소리칠 광장이 없습니다. 외롭습니다. 쫓기고 있습니다. 불안합니다. 상담자의 문을 두드려도 해결책이 없습니다. 현대 상담 심리학의 가장 커다란 문제는 상담의 효과가 없다는 사실입니다. 상담학은 발달했지만, 상담학의 고민은 더 많아져 가고 있습니다. 진정한 상담자가 없습니다.

그런데 예수께서 어느 날 사랑하는 제자들을 모으시고 이렇게 말씀하십니다.
"사람이 친구를 위하여 자기 목숨을 버리면 이에서 더 큰 사랑이 없나니 너희가 … 곧 나의 친구라"(요 15:13, 14).
우리의 친구가 되기 위해서 찾아오신 그분, 그분은 또 이렇게 말씀하십니다.
"내가 너희를 고아와 같이 버려두지 아니하고 너희에게로 찾아오리라 내가 아버지께 구하였으니 내가 떠나가면 또다른 보혜사를 너희에게 주실 것이요 이 보혜사 성령은 너희에게로 와서 너희와 함께할 것이며 너희 속에 영원토록 거할 것이며 너희와 동행할 것이며 너희들의 문제를 해결할 것이며 너희 곁에 있어 주리라 볼지어다 세상 끝날까지 너희와 항상 함께 있으리니 내가 과연 너희를 버리지 아니하고 과연 너희를 떠나지 아니하리라."

이 얼마나 놀랍고도 위대한 친구입니까? 우리 중에서 어찌 이런 친구를 다시 찾아볼 수 있겠습니까? 역사 속에 태어날 이 아기를 가리켜서 예언자는 이렇게 말합니다.

"그 아기의 이름은 상담자."

우리의 문제에 관한 진정한 해답이시며 지혜의 근본이신 그분, 히브리서 기자는 그분에 관해서 이렇게 말합니다.

"우리에게 있는 대제사장이신 예수님은 우리의 연약함을 체휼하지 아니하는 자가 아니요, 모든 일에 우리와 한결같이 시험을 받은 자다."

무슨 이야기입니까? 예수님은 우리의 아픔을 공감하신다는 이야기입니다. 그분은 내 눈물을 아십니다. 그분은 내 고독과 아픔과 불안과 절망을 아십니다. 그리고 내 곁에 오셔서 나와 함께하십니다.

"죄짐 맡은 우리 구주 어찌 좋은 친군지…."

제가 처음에 미국에서 자동차 도시인 디트로이트에서 공부를 했는데, 그때 미국 교회 목사님에게 그 도시에 전해 내려오는 이야기를 들었습니다.

어느 추운 겨울날, 디트로이트의 유명한 자동차 회사의 정비사 한 사람이 자동차를 몰고 회사로 출근하고 있었습니다. 그런데 갑자기 길 한복판에서 움직일 수가 없게 되었습니다. 뚜껑을 열고 보아도 무엇이 문제인지 알 수가 없었습니다. 손을 호호 불면서 어쩔 줄 몰라하고 있는데, 어떤 멋있는 차를 타고 가던 신사 한 분이 차를 멈추더니 내려서 이렇게 말합니다.

"도와드릴까요?"

이 정비사는 속으로 얼마나 가소로웠겠습니까?

'디트로이트에서 제일 가는 정비사인 내가 못 고치는 것을 누가 고치는다는 말인가?'

그런데 이 신사분이 차의 부속품들을 몇 개 만지더니 시동을 걸라고 말합니다. 시동이 걸렸습니다. 이상해서 그 신사분을 멍하니 쳐다보고 있는데, 그 분이 명함 한 장을 주고 사라지더랍니다. 그 명함에는 "헨리 포드"라고 씌어 있습니다. 바로 그 자동차를 만든 사람이었던 것입니다.

나를 만드신 분이 나를 고칠 수 있습니다. 내 지혜를 만드시고 내 심장을 작동하시는 그분, 그분이 내 문제를 모르겠습니까? 내 아픔을 모르겠습니까? 내 고통을 모르겠습니까? 내 좌절을 모르겠습니까? 나를 만드신 이가 나를 고칠 수 있습니다. 놀라우신 그분의 이름은 바로 모사입니다.

전능하신 하나님(Mighty God)

이 아기는 평범한 아기가 아니라 그 본질에 있어서 하나님과 동일한 아기입니다. 하나님이 아기로 오시다니! 이 얼마나 놀라운 사실입니까? 현대는 이 엄청난 역설을 이해하지 못합니다. 만일 하나님이 천사들을 집합시키고 군대를 거느리고 칼과 유도탄과 핵무기로 무장하고 오셔서 "회개하라. 나를 믿으라"고 했다면 얼마나 두려웠겠습니까? 그러나 하나님은 구유에 아기로 탄생하셨습니다. 이것은 기적입니다.

누구든지 아기로 오신 하나님을 만날 수 있습니다. 발에 흙이 묻은 사람도 이 구유에 누이신 아기를 만날 수 있습니다. 지성인도,

무식한 사람도, 부자도, 가난한 사람도 그분을 만날 수 있습니다. 아기로 오신 이 하나님.

"오, 이 지혜여, 이 깊이여, 이 놀라운 하나님의 사랑이여."

히브리서 기자는 히브리서 1장 8절에서 이렇게 증언합니다.
"아들에 관하여는 하나님이여…."
그분은 하나님이십니다. 요한복음 1장 18절에서 사도 요한은 이렇게 말합니다.
"본래 하나님을 본 사람이 없으되 아버지 품 속에 있는 독생하신 하나님이 나타내셨느니라."

얼마나 놀라우신 하나님입니까? 아기로 오셔서 나사렛 땅에서 조용히 자라나신 그분, 그러나 세계는 그분 앞에 열광하고 있습니다. 그분은 자기의 나라를 떠나서 해외로 여행을 하신 일이 없습니다. 그러나 온 세계는 오늘날 그분에게서 결정적인 영향을 받고 있습니다. 그분은 한 권의 책도 쓰시지 않았지만, 전 세계 도서관의 책들의 절반은 직접적으로든 간접적으로든 그분과 관련되어 있습니다. 그분은 한 편의 시도 쓴 일이 없지만, 전 세계 절대 다수의 위대한 시들은 그분 앞에 바쳐지고 있습니다. 그분은 한 편의 음악을 작곡한 일이 없지만, 이 세계의 가장 위대한 음악은 이 아기 앞에 바쳐지고 있습니다. 가장 위대한 영화도 그분 앞에 바쳐지고 있습니다. 그분은 선거 운동을 한 번도 하신 일이 없습니다. 그러나 그분은 전 세계에서 가장 많은 숫자의 추종자를 거느리고 계십니다. 우리도 그 중에 한 사람이 아닙니까? 그분은 단 하나의 예배당도 지은 일이 없지만, 전 세계는 그분을 예배하는 전(殿)으로 가득 차 있습니다.

그분은 누구이십니까? 이 아기는 여러 아기들 중에 한 아기가 아닙니다. 예언자는 이 아기가 "전능하신 하나님"이라고 말합니다.

그분은 단 한 번도 자기 선전을 시도하지 않았지만, 전 세계는 오늘날 그리스도를 선전하기에 바빠하고 있습니다. 그분은 과연 전 인류의 스타이십니다. 그분은 살아계신 하나님이고, 하나님의 아들 구세주이고, 우리의 희망이고 산성이며 해답이십니다.

그분이 오시자마자 역사는 두 조각이 나고 말았습니다. 우리는 그분이 오신 날을 기준으로 해서 B.C.와 A.D.로 역사를 나눈 것입니다. 현재 우리는 그리스도 안에서 1990년대를 살고 있습니다.

영존하시는 아버지(Everlasting Father)

이 아기가 아버지입니다. 아버지가 아기가 되셔서 오신 것입니다. 저는 구약에서 이미 하나님을 아버지로 표현한 사실이 얼마나 놀라운지 알 수가 없습니다. 그분은 철학자의 하나님이 아닙니다. 그분은 막연한 절대자나 주권자가 아닙니다. 제일 원인이나 존재의 근거가 아닙니다. 그분은 아버지이십니다. 하나님을 "신"(神)이라고 부르는 사람의 신앙과 "아버지"로 부르는 사람의 신앙에는 사망과 생명만큼이나 커다란 차이가 있습니다.

당신은 하나님을 아버지라고 부를 때의 행복을 아십니까? 이 아기는 인류가 찾고 있었던 아버지이십니다. 시인 워즈워드가 아마도 여기에서 영감을 받아서 "아이들은 어른들의 아버지"라고 했던 것 같습니다. 사실 그것은 예수님을 두고 한 이야기입니다.

예수 그리스도를 구주와 주님으로 우리 마음 속에 영접했을 때, 영혼의 깊은 곳에서 하나님을 향해서 처음 드려지는 우리들의 언어가 무엇이었습니까?
"아버지."
그 엄하고도 자애로운 팔로 나를 안아 주시는 아버지, 아기에게 아버지의 존재는 얼마나 절실하게 필요합니까? 아버지가 없는 아기를 상상해 보십시오. 능력과 사랑과 권위와 보호의 아름다운 팔로 아기를 안아 주시는 아버지.

물론 실망시켜 주는 아버지도 있습니다. 땅에 있는 아버지는 그렇습니다. 저는 사실 아버지 때문에 소년 시절을 얼마나 우울하게 지냈는지 모릅니다. 그래서 좋은 아버지를 둔 친구들이 무척이나 부러웠습니다. 1965년 9월, 제가 예수 그리스도를 제 마음 속에 구주로 영접하던 날 밤에 저는 처음으로 주기도문이라는 것을 하면서 울었습니다.

"하늘에 계신 아버지. 아, 나에게 이런 아버지가 있었구나. 완전하신 지혜와 놀라운 능력으로 내 삶을 붙드시고, 내 마음을 위로하시고, 내 인생의 길을 함께 걸어가 주시는 아버지. 나도 이런 아버지가 있구나."

저는 하늘에 계신 이 하나님을 아버지라고 부르는 그날부터 행복을 알기 시작했습니다. 그때 처음으로 절망과 좌절이라는 것에서 벗어나기 시작했습니다. 그때부터 저는 "인생이란 살 만한 가치가 있는 것인지도 모른다"는 생각을 조금씩 하게 되었습니다. 하나님 아버지 때문입니다.

하나님께서는 이렇게 말씀하십니다.

"공중의 새를 보라 심지도 않고 거두지도 않고 창고에 모아들이지도 아니하되 너희 천부(天父)께서 기르시나니 너희는 이것들보다 귀하지 아니하냐"(마 6:26).

그 하나님 아버지가 나와 함께하지 않습니까?

"구하라 그러면 너희에게 주실 것이요… 너희가 악한 자라도 좋은 것으로 자식에게 줄 줄 알거든 하물며 하늘에 계신 너희 아버지께서 구하는 자에게 좋은 것으로 주시지 않겠느냐"(마 7:7~11).

최선을 준비하시는 하나님, 그분은 아버지이십니다.

평강의 왕(Prince of Peace)

중세 시대 어느 수도원 앞에서 신부 복장을 한 어떤 낯선 사람이 기웃거리면서 문을 두드립니다. 관리인이 나가서 문을 열고 "누구십니까?"라고 묻습니다.

『저는 평화를 찾는 사람인데요』

이 사람이 바로 단테였습니다. 그는 어느 날 성경을 읽다가 드디어 평화를 발견했습니다. 예수님을 통해서였습니다.

예수께서 탄생하시던 그날 밤에 하늘에 있는 천사들이 노래하며 외친 내용 기억나십니까?

"지극히 높은 곳에서는 하나님께 영광이요 땅에서는 기뻐하심을 입은 사람들 중에 평화로다"(눅 2:14).

앞에서도 강조한 바 있지만, 이 말씀은 조심스럽게 이해해야 합니다. 사람들이 이 말씀을 줄여서 "하늘에는 영광, 땅에는 평화"라고 말합니다. 정말 땅에 평화가 있습니까? 예수님이 오셨는데도, 오늘날 전쟁과 고통과 기근은 사라지지 않고 있습니다. 다시 그 말씀을 보십시오.

"하늘에는 영광 땅에서는 「기뻐하심을 입은 사람들 중에 평화로다」."

예수님 다시 오실 때까지 전쟁과 기근과 괴로움은 계속될 것입니다. 눈물과 탄식도 계속될 것입니다. 그러나 평화의 왕이신 예수 그리스도를 영접하고 하나님 앞에 기뻐하심을 입은 사람들 중에는 평화가 있을 것입니다. 세상은 요란하지만, 그럼에도 불구하고 내 마음에는 평안이 있습니다. 세상은 이 평화를 알지 못합니다.

그리스도인은 비극을 당하지 않아서 평안한 것이 아닙니다. 그리스도인도 비극을 당합니다. 성경에도 그렇게 씌어 있습니다.
"세상에서는 너희가 환난을 「당하나」 담대하라 내가 세상을 이기었노라"(요 16:31).
"평안을 너희에게 끼치노니 곧 나의 평안을 너희에게 주노라 내가 너희에게 주는 것은 세상이 주는 것 같지 아니하니라"(요 14:27).
소란과 고통과 분요함과 난리 속에서도 그리스도인은 평안을 누릴 수 있습니다. 그것은 주님이 주시는 놀라운 평안으로서, 아무도 빼앗아갈 수 없는 것입니다. 지구상에 있는 모든 사람들이 주님을 알고 그분 앞에 무릎을 꿇는 날, 이 땅에 진정한 평화는 도래할 것입니다.

1870년 프랑스와 독일이 치열한 전투를 벌이고 있었을 때의 일입니다. 여기 저기 총탄이 날아다니고 포탄이 터지는 전쟁터에도 크리스마스는 다가오고 있었습니다. 크리스마스 이브에 병사들은 빛나는 별들을 바라보며 저마다 고향 생각에 잠겼고, 성탄의 낭만과 추억을 그리게 되었습니다. 그 중에 진실한 그리스도인들은 살아계신 주님과 그분의 오심을 묵상하고 있었을 것입니다. 그런데 갑자기 프랑스 군의 참호에서 한 병사가 벌떡 일어나더니 총과 칼을 내어던지고는 아름다운 테너의 목소리로 하늘을 향하여 감격에 찬 찬양을 부르기 시작했습니다.

"오 거룩한 밤 별들 반짝일 때
거룩한 주 탄생한 밤일세.
오랫동안 죄악에 얽매여 헤매던 죄인들을 놓으려
우리 위해 속죄하시려는 영광의 아침,
동이 터온다.
경배하라 천사의 기쁜 소리.
오 거룩한 밤 주님 탄생하신 밤,

주 예수 탄생하신 밤일세.

이 찬양을 듣고 있던 독일군 병사 하나가 참호에서 벌떡 일어났습니다. 그도 총을 던지고 찬양을 부르기 시작했습니다. 바리톤의 목소리로 마르틴 루터가 작사한 유명한 찬양을 부릅니다.

"하늘 위에서 땅으로 내려왔노라."

이 사건 때문에 전쟁터에는 잠시 휴전이 선포되고, 크리스마스는 예수님 때문에 평화를 누리는 시간이 될 수 있었습니다.

세상은 당분간 고통과 어둠을 경험하게 될 것입니다. 그러나 기억하십시오. 만약 평화의 왕자이신 그분이 내 마음 속에 살아계시다면 그리고 그분이 내 영혼을 지배하고 내 삶을 다스리고 나와 함께 하신다면, 우리는 세상이 알지 못하는, 주님이 주시는 평안의 비밀을 알게 될 것입니다.

"아무것도 염려하지 말고 오직 모든 일에 기도와 간구로 너희 구할 것을 감사함으로 하나님께 아뢰라 그리하면 모든 지각에 뛰어난 「하나님의 평강이 그리스도 예수 안에서 너희 마음과 생각을 지키시리라」"(빌 4:7).

크리스마스는 이 아기를 받아들이는 사람들을 위해서 울리는 행복의 종소리입니다. 이 성탄을 준비하십니까? 이 위대한 아기, 그 놀라운 이름, 기묘자, 모사, 전능하신 하나님, 영존하시는 아버지, 평화의 왕.

그렇습니다. 우리에게는 세상에서 살아가는 동안에 괴로움과 고통과 절망과 탄식이 있을 수 있습니다. 그러나 우리는 행복할 수 있고 평안할 수 있습니다. 이 아기가 당신의 구주가 될 수가 있다면 말입니다. 주님이 탄생하시기 700년 전에 이미 예언되었던 그 아기, 그분과 올바른 관계를 맺지 못했기 때문에 우리 마음 속에는 불안과 갈등이 지속됩니다. 그러나 그분이 계시면 해결됩니다.

"주님 내 마음 속에 오신 것을 감사합니다."

　당신에게 아직 이 주님이 없다면 그분을 영접하십시오. 이 크리스마스야말로 주님을 영접할 수 있는 놀라운 시간이 아니겠습니까? 그렇게 함으로써 감사와 감격으로 맞이하는 성탄, 행복을 되찾는 성탄, 기쁨과 보람을 되찾는 성탄이 되기를 바랍니다.

8

성모 마리아의 찬양

본문은 마리아가 예수님을 잉태한 후에 부른 찬송으로서 「마리아의 찬양」이라고 불리는 대단히 유명한 노래입니다. 중세(中世)에는 본문을 근거로 해서 만들어진 성곡(聖曲)이 상당히 많았다고 합니다.

인간의 타락은 여자(하와)로 말미암아 시작되었습니다. 여자분들은 기분이 나쁘실지 모르지만 이것은 사실입니다. 그러나 구원도 여자로 말미암아 시작되었습니다. 즉, 마리아를 통해서 태어나신 우리 구주 예수 그리스도로 인하여 하나님의 구원 경륜이 나타났다는 이야기입니다. 그래서 역사는 여자가 만드는 것이라고 하는지도 모릅니다.

앞에서도 살펴보았듯이 마리아에 대해서는 두 가지 극단적인 견해가 존재합니다. 그러나 마리아를 우상시하는 것도, 너무 무시하는 것도 옳지 않습니다.

어떤 노래를 좋아하느냐를 보면 그 사람이 어떤 사람인가를 알 수 있습니다. 어쩌면 노래가 사람의 인격 형성에 결정적인 역할을 하는지도 모릅니다.

당신은 현대의 젊은이들이 열광적으로 좋아하는 록 음악의 핵심이 사단 숭배라는 것을 아십니까? 그런 음악에는 인생을 저주하고 권위를 부정하고 질서를 무시하는 사상과 살인, 마약, 부정한 성행위 등을 합리화하는 내용들이 들어 있습니다. 그런 노래를 듣는 젊은이들의 인격은 어떻게 되겠습니까? 그들의 장래는요? 요즈음 우리 젊은이들이 록 음악의 정체를 알고 나서 음반을 부수거나 불태워 버리는 모습을 보게 되는데, 얼마나 감사한 일인지 모르겠습니다.

버스를 타게 되면 주로 듣게 되는 노래가 있습니다. 대중가요가 주로 흘러나오는데, 떠난 사람을 그리워한다거나 사랑의 상처를 달래는 노래들이 많습니다. 그런데 그런 노래를 듣고 있으면 맥이 탁 풀리고 삶의 의미가 없어지는 것 같은 느낌이 듭니다. 그런 노래만 듣고 살면 어떻게 될까 하는 생각도 가끔 해 봅니다. 반면에 헨델의 메시야라든가 하나님을 찬양하는 다른 노래를 들어 보십시오. 살 맛이 나지 않습니까?

이렇게 어떤 노래를 좋아하느냐가 그 사람의 인격과 신앙을 이야기해 줍니다. 본문에서 우리는 마리아의 노래를 통해서 마리아의 인물됨과 신앙을 알 수 있습니다.

본문에 나타난 마리아의 노래는 크게 네 가지 내용으로 요약될 수 있습니다.

예수 그리스도께서 구주와 주님 되심을 찬양

46절 이하의 말씀을 보십시오.

"마리아가 가로되 내 영혼이 주(主)를 찬양하며 내 마음이 하나님
「내 구주」를 기뻐하였음은"(46, 47절).

카톨릭 신자들은 47절 말씀을 보면 아마 깜짝 놀랄 것입니다. 마
리아는 하나님의 특별한 계획에 의해서 예수님을 세상에 태어나게
하는 역할을 맡게 되었지만, 그 자신이 하나님이 아니라는 사실을
분명히 알았습니다. 그래서 그녀는 "내가 나의 하나님, 나의 구주를
기뻐하였다"라고 찬양합니다. 이것은 자기 마음으로 예수 그리스도
를 영접한 사람이 아니고는 부를 수가 없는 찬양입니다. 저는 예수
님을 영접한다는 단어를 이 세상에서 가장 실감있게 이해한 사람
이 마리아라고 생각합니다. 왜냐하면 예수님이 마리아의 몸 안에
있었기 때문입니다. 그러니까 "주님이 내 안에 계시다"라는 이 이
야기가 마리아에게 얼마나 생생하게 느껴졌겠습니까? 그 감격 속
에서 마리아는 찬양하는 것입니다.

"내 영혼이 주(主)를 찬양하며 내 마음이 하나님 내 구주를 기뻐
하였음은."

여기 "주"(主)라는 단어와 "구주"라는 단어가 나옵니다. 예수 그
리스도가 나의 구주와 주님이 되신다는 사실을 고백하지 않고는
그 어느 누구도 그리스도인이 될 수 없습니다. 그 고백은 기독교
신앙 생활에 들어가는 문과 같은 역할을 합니다. 그분만이 나를 구
원할 수가 있으며, 그분만이 내 삶의 주인이 되실 수 있습니다. 오
늘날 성행하고 있는 세속적 인본주의 철학의 핵심은 내가 나의 주
인이라는 주장입니다. 그러나 그렇지 않습니다. 착각하지 마십시오
나의 주인은 하나님이십니다. 마리아는 자기의 구주, 자기의 주님
되시는 예수 그리스도를 자기 속에 모신 다음에 찬미하는 것입니
다.
"내 영혼이 주(主)를 찬양하며 내 마음이 하나님 내 구주를 기뻐하
였음은."

정말 내 모든 문제를 해결하시고 내 죄를 용서하시고 내 삶의 의미와 목적을 부여하시고 영생을 허락하신 그 주님이 내 안에 들어오셨다면 어떻게 내가 기뻐하지 않을 수 있겠습니까? 어떻게 찬양하지 않을 수 있습니까?

성경에서 찬양이 맨 처음에 나오는 부분이 어디인 줄 아십니까? 출애굽기 15장입니다. 출애굽기 14장은 모세가 이스라엘 백성을 데리고 홍해 바다를 건너가는 장면이 나오는 유명한 장입니다. 그때 이스라엘 백성들은 추격하는 바로의 군대 때문에 거의 다 죽을 뻔 했습니다. 그러나 이스라엘 백성들이 하나님의 기적으로 홍해를 건넌 다음에 바로의 군대가 건너려고 하니까 물이 다시 합해졌습니다. 바로의 군대는 거기에서 다 몰살을 당했고, 하나님의 백성들은 기적적으로 구출을 받았습니다. 하나님의 놀라운 능력과 기적으로 구원을 받은 이스라엘 백성들은 하나님이 그들을 살리셨다는 놀라운 사실을 생각하며 출애굽기 15장 1절 이하에서 하나님을 찬양했습니다. 그래서 그 부분에서 "찬양"이라는 단어가 본격적으로 나오게 된 것입니다.

구원받지 않고는 찬양할 수가 없습니다. 줄리아드 음대를 다닌다고 해서 다 찬양을 잘 하는 것은 아닙니다. 노래는 잘 할 수 있을지 모릅니다. 그러나 하나님을 찬양하는 일은 예수 그리스도의 보혈과 하나님의 은혜로 구원받은 이 구속의 감격과 은총이 없이는 불가능합니다.

그리스도인의 기쁨과 감사의 핵심은 예수 그리스도가 나를 죄와 사망의 법에서 해방시키고 하나님의 진노에서 구출하셨으며 그분의 자녀로 삼아 주신 것이 아니겠습니까? 그것이 우리로 하여금 하나님을 찬양하게 만드는 것입니다.

47절을 다시 한번 잘 보십시오. 그 마음이 그냥 구주를 기뻐하는 것이 아니라 그 구주가 하나님이라고 고백합니다.

"하나님 내 구주를 기뻐하였음은."

예수님이 하나님이시라는 것입니다. 많은 사람들이 교회에는 출석해도 예수가 하나님이라는 사실을 믿지 못하고 있습니다. 육신을 입고 오신 하나님, 그 하나님이 내 안에 계실 때 내 삶이 얼마나 놀라운 변화를 만끽할 수 있습니까? 마리아가 예수님을 잉태했다는 말은 하나님을 잉태했다는 말입니다. 하나님이 그 안에 계셨습니다.

복음서에 보면, 예수님이 중풍병자를 고치신 기사가 나옵니다. 그런데 예수께서 그를 고치시는 중에 "내가 네 죄를 용서하노라"는 선포를 하십니다. 그러자 그곳에 있던 바리새인과 서기관들이 어떤 반응을 보였습니까?

"참람하도다. 저가 누구이길래 감히 남의 죄를 용서하는가?"

왜냐하면 유대인들은 하나님밖에는 우리의 죄를 용서할 수 있는 분이 없다고 생각했기 때문입니다. 유대인들의 이 이야기가 틀립니까? 맞습니다. 그러나 그들은 예수님이 하나님이라는 사실을 깨닫지 못하고 있었습니다. 그렇습니다. 그분은 하나님이십니다. 육신을 입고 아기로 탄생하신 하나님인 것입니다.

사실 마리아는 지금 기뻐할 처지가 아닙니다. 처녀의 몸으로 잉태를 했으므로 사람들로부터 조롱과 모욕을 받아야 하는 처지인 것입니다. 그러나 사람들의 조롱과 모욕이 문제가 아닙니다. 왜냐하면 내 속에 하나님이 오셨기 때문입니다. 구원받은 사람들은 이렇게, 어떠한 박해와 조롱과 핍박을 받더라도 나의 구주이신 하나님이 내 안에 오셨다는 사실 때문에 찬양하지 않을 수 없는 것입니다.

카프 피이니라는 유명한 시인이 있었는데, 그에게는 하이든이라는 유명한 교회 음악가 친구가 있었습니다. 어느 날 피이니가 하이든에게 이런 질문을 했습니다.

"자네가 작곡한 모든 음악들이 항상 영감과 희열과 감동으로 가득 차 있는 것은 도대체 어떤 연유인가?"

하이든의 이야기를 들어 보십시오.

『나의 죄를 사하시고 나를 구원하셔서 나로 하여금 하나님을 섬기게 하시는 예수 그리스도를 묵상할 때마다 내 펜은 춤을 추며 음악을 만든다네.』

마리아는 이 노래를 교회당에서 부른 것이 아니라 자기의 사촌인 엘리사벳의 집에서 불렀습니다. 찬양은 교회에서만 하는 것이 아닙니다. 우리는 거리에서, 공장에서, 일터에서, 삶의 한복판에서 이 놀라우신 하나님을 찬양할 수 있습니다.

제임스 답슨(James Dobson)이라는 그리스도인 의사가 있습니다. 이 분은 신혼 부부들에게 이런 충고를 했다고 합니다.

"당신들이 절대로 불행해지지 않고 행복한 삶을 살 수 있는 비결이 하나 있소. 그것은 당신들이 꾸미게 될 새로운 가정을 하나님을 향한 찬양으로 가득 채우는 것이오. 그러면 당신들은 불행해질 수가 없을 것이오."

내 가정에 시와 찬양이 넘친다고 생각해 보십시오. 헨델의 메시야가 항상 흐른다고 생각해 보십시오.

"할렐루야, 할레루야."

제 둘째 아들 범이가 교회에서 성탄송 연습하는 것을 보더니 집에 들어오기만 하면 "할렐루야" 합니다. 얼마나 좋은지 모릅니다.

현대의 물질 문명은 현대인들에게서 찬양과 노래와 미소를 다 빼앗아가고 말았습니다. 그러나 우리가 창조의 주인이신 하나님과 바른 관계를 맺을 때, 찬양은 다시 울려퍼질 수 있습니다. 그래서 한 군인은 이렇게 말했습니다.

"무신론자의 참호 속에는 찬양이 없다."

한 종교학자는 말합니다.

"오직 은혜의 종교인 기독교 신앙 안에서만 찬양이 가능하다."

한 사회학자는 이렇게 말합니다.

"불신앙의 상태로 죽은 사람의 장례식에서는 찬양이 있을 수가 없다."

그렇습니다. 찬양은 예수 그리스도를 구주와 주님으로 고백하는 사람들에게서만 우러나올 수 있습니다. 그래서 마리아는 이렇게 찬양하는 것입니다.

"내 영혼이 주(主)를 찬양하며 내 마음이 하나님 내 구주를 기뻐하였음은."

하나님의 은혜를 찬양

48절을 보십시오.

"그 계집종의 비천함을 돌아보셨음이라…"

주님이 나를 돌아보시고 나에게 예수님을 잉태할 수 있는 특권을 주신 것, 이것은 하나님의 은혜라는 고백입니다. 마리아에게 어떤 공로가 있어서 예수님을 잉태하게 된 것입니까? 절대로 아닙니다. 그것은 하나님의 계획이고 선물이었습니다. 그리고 절대적인 하나님의 은혜였습니다. 그래서 마리아는 주께서 비천한 사람을 돌아보시고 예수님을 잉태하는 특권을 주셨다고 고백하고 있는 것입니다.

당신은 당신을 구원해 주신 하나님의 은혜에 대해서 마리아처럼 감격해 합니까? 아니면 우리가 다른 사람들보다 나아서 그리스도

인이 되었다고 생각합니까? 우리는 그리스도인이 된 사실에 대해
서 어떤 공로 의식을 가져서는 안 됩니다. 그것은 하나님의 은혜로
된 것입니다.

"너희가 그 은혜를 인하여 믿음으로 말미암아 구원을 얻었나니 이
것이 너희에게서 난 것이 아니요 하나님의 선물이라"(엡 2:8).

'내가' 없을 때 하나님을 보내 주시고, '내가' 없을 때 예수께서 내
죄를 짊어지고 십자가에 죽으시고, '내가' 없을 때 예수께서 나의
구원을 완성하시고 부활 승천하셨습니다. 성령님을 통해서 예수님
을 믿도록 내 마음을 감동하셨을 때, 내게 다가오시는 그 예수님을
거절하지 아니하고 받아들였을 뿐입니다. 그랬더니 예수께서 "너는
내 아들이야"라고 말씀하십니다. 얼마나 놀랍고 위대한 하나님의
은혜요 축복입니까? 우리가 하나님 앞에서 주장할 수 있는 '나의
의(義)'란 아무것도 없습니다. 이사야 선지자는 이렇게 말합니다.
"우리는 다 부정한 자 같아서 우리의 의는 다 더러운 옷 같으며"
(사 64:6).

하나님의 은혜, 그것이 마리아를 감격시킨 것입니다. 그래서 마리
아는 "이 비천한 계집종을 주께서 돌아보셨습니다. 보라. 이제 후로
는 만세에 나를 복이 있다 일컬으리로다"라고 말합니다. 어떤 복입
니까? 하나님의 은혜를 입음으로 만세에 기억한 바 될 수 있는 놀
라운 축복을 말합니다. 이것은 그리스도의 구원을 체험한 마리아의
영광스러운 고백이었고 찬양이었습니다.

49절을 보십시오.

"능하신 이가 「큰 일」을 내게 행하셨으니 그 이름이 거룩하시며."
하나님을 자기 안에 잉태할 수 있었다는 사실보다 더 큰 일이 어디
에 있겠습니까? 그래서 마리아는 전능하신 하나님이 자기에게 커
다란 일을 행하셨다고 고백하는 것입니다.

당신은 당신이 구원받은 것을 큰 사건이라고 생각합니까? 성경

말씀을 들어 보십시오.
"우리가 이같이 「큰 구원」을 등한히 여기면 어찌 피하리요"(히 2:
3).
당신은 자신의 구원을 "큰 구원"이라고 고백할 수 있겠습니까?
"나 예수 믿었다"라고 그냥 말하는 사람들에게 저는 그들이 정말
그리스도인인지 묻고 싶습니다. 그들에게는 구원의 감격이 없습니
다. 정말 하나님의 진노와 저주를 피할 수 없었던 내가 하나님의
은혜로 죄사함을 받고 구원받았다면 왜 감격이 없겠습니까? 이 하
나님의 구원은 얼마나 놀라운 것입니까?

성경에 보면, 예수께서 거라사의 귀신들린 사람을 고쳐 주셔서
온전한 사람으로 만들어 주신 기사가 나옵니다. 고침받은 그 사람
은 너무 감사해서 예수님을 따라가고 싶다고 말합니다. 그때 예수
님은 이상하게도 그의 청을 들어 주시지 않습니다. 대신 그에게 이
렇게 말씀하십니다.
"너는 나를 따라오는 것보다 더 중요한 할 일이 있다. 네 집에 돌
아가서 네 친족들에게 주께서 너에게 어떤 커다란 일을 행하셨는
지를 고하라."
주님이 얼마나 커다란 일을 행하셨는가? 그리스도가 다른 사람이
줄 수 없는 삶의 목표와 보람과 영생을 주셨다는 것, 이 큰 일을
남들에게 가서 고하라는 말씀입니다. 이것이 바로 전도입니다.

마리아의 생애에서 하나님이 자신의 비천한 몸 안에서 거하신다
는 사실보다 위대한 사건이 어디에 있습니까? 전능하신 하나님이
시기 때문에 그 일이 가능했습니다.
어떤 꼬마 하나가 교회를 향해서 가고 있는데, 동네의 덩치 큰
친구가 그 앞을 가로막으며 이렇게 묻습니다.
"너 어디에 가니?"

『교회에 가요.』
"교회에는 뭐하러 가는데?"
『하나님을 예배하려요.』
"하나님이 도대체 어디에 있는데? 하나님은 어떻게 생겼지?"
『하나님은요 너무 크셔서 이 우주도 그분을 담을 수가 없어요. 그런데 더 놀라운 사실은, 그 하나님은 또한 너무 작으셔서 내 마음 속에도 거하실 수 있다는 거예요.』

하나님의 초월성과 내재성이라는 이 복잡한 신학을 이 꼬마는 얼마나 단순하게 설명하고 있는지요? 또 우주도 담을 수 없는 영광스럽고 전지 전능하신 그 하나님이 내 마음 안에 거하신다면 어떻게 감격하지 않을 수 있겠습니까?

50절을 보십시오.
"긍휼하심이 두려워하는 자에게 대대에 이르는도다."
본문은 하나님을 두 가지로 설명합니다. 49절에서는 "거룩하신 하나님"으로 그리고 50절에서는 "긍휼히 여기시는 하나님"으로. 그분은 거룩하십니다. 그러므로 죄를 용납하실 수가 없습니다. 심판하셔야만 합니다. 그런데 그 거룩하신 하나님이 우리를 긍휼히 여기셨습니다. 그분이 만일 긍휼의 하나님이 아닌 거룩의 하나님이기만 했다면, 우리는 그 하나님 앞에 도저히 설 수가 없습니다. 그러나 거룩하신 하나님은 우리를 긍휼히 여기시고 우리를 용서하셨습니다. 그리고 우리 안에 거하셨습니다. 이 놀라운 사실 때문에 마리아는 감사하고 감격하는 것입니다.

겸손한 자에게 은혜 베푸시는 하나님을 찬양

본문 51절 이하를 보십시오.
"그의 팔로 힘을 보이사 마음의 생각이 교만한 자들을 흩으셨고 권

세 있는 자를 그 위(位)에서 내리치셨으며 비천한 자를 높이셨고
주리는 자를 좋은 것으로 배불리셨으며 부자를 공수(空手)로 보내
셨도다"(51~53절).

이 말씀이 무슨 뜻입니까? 생각해 보십시오. 예수님이 잉태될 때
이 세상에 잘난 여자들, 부자인 여자들이 얼마나 많았겠습니까? 그
런데 아무도 관심을 갖지 않는 이 비천한 마리아를 선택하셨습니
다. 이것은 하나의 놀라운 신비입니다. 그래서 마리아는 묻습니다.
"주께서 영광스러운 구세주를 잉태하는 몸으로 나를 선택하신 이
유가 도대체 무엇입니까?"

아무것도 없습니다. 그러나 아무것도 없기 때문에 선택하셨습니다.

선택한 이유를 하나 들자면, 그것은 겸손입니다. 마리아는 주님이
주시는 어떤 역사하심도 받을 수 있는 빈 마음을 가진 여자였습니
다. 천사가 나타나서 마리아에게 말합니다.

"마리아야 무서워 말라. 전능하고 거룩하신 이의 능력이 너를 덮으
실 것이다."

그랬을 때 마리아는 어떻게 반응합니까? "아, 어찌 그런 일이 있을
수가 있습니까?"라고 반응하지 않았습니다. 다만 "말씀대로 이루어
지이다"라고 말합니다. 이것이 가난한 마음입니다. 하나님의 역사하
심을 받아들일 수 있는 겸손한 마음입니다.

겸손이란 무엇입니까? 하나님의 것을 받아들일 수 있는 것입니
다. 교만이란 자기 것으로 꽉 차서 도무지 깨어지려 하지 않는 것
입니다.

"나는 내 철학이 있고 내 삶의 방식이 있으니까 아무런 참견을 마
십시오. 나를 바꾸려고 하지 마십시오."

그리스도인은 어떤 사람입니까?

"하나님, 마음대로 역사하십시오. 당신이 주인입니다. 무슨 말씀이든

지, 무슨 역사든지 행하십시오. 제가 받아들이겠습니다."
이것이 영적인 겸손입니다. 마음의 가난함입니다. 마리아에게는 이
가난함이 있었습니다.

　자신이 뭔가 가진 사람이라고 생각하게 되면, 그 사람은 아무것
도 받아들일 수가 없습니다. 인간이 알면 얼마나 알고 가지면 얼마
나 갖겠습니까? 다음과 같은 이야기가 있습니다.
　주전 4세기 경에 희랍에 알키비우데스라는 매우 교만한 장군이
살았습니다. 그는 자기가 살고 있는 도시의 거의 모든 토지를 소유
하고 있었고 또 무술에 굉장히 뛰어난 사람이었기 때문에 눈에 보
이는 것이 없는 사람이었습니다. 어느 날 그는 유명한 철학자 소크
라테스를 만났습니다. 알키비우데스가 가장 자랑하는 것이 자기 땅
입니다. 그날도 그는 소크라테스 앞에서 자기 땅 자랑을 했습니다.
그러자 소크라테스는 그 앞에 지도 한 장을 내어놓으면서 이렇게
말합니다.
"이 지도에서 당신이 살고 있는 도시 아리카를 찾아보십시오."
찾아보니 하나의 점에 불과합니다. 소크라테스가 다시 묻습니다.
"그러면 그 도시에다 당신의 땅을 표시해 보십시오."
표시가 됩니까?
"지도에 나타나지도 않는 땅을 가지고 자랑하시오?"

　인간이 무엇으로 자랑할 수 있겠습니까? 예수님 당시에도 예수
님을 받아들이지 못한 사람들은 자기 나름대로의 편견과 자부심을
가진 사람들이었습니다. 자신의 직업에 대해 교만한 마음을 가진
자들도 있습니다. 이들이 예수님을 보았을 때는 "저는 목수의 아들
이 아니냐"라고 편견을 갖게 되었고, 그것 때문에 예수님을 받아들
이지 못했던 것입니다. 집 자랑을 하던 사람들은 변변한 집 한 채
도 없는 예수님을 보고 무시하게 됩니다.

"인자는 머리 둘 곳이 없다"(마 8:20).

또 출신 지방을 자랑하는 사람들은 예수님에 대해 "나사렛에서 무슨 선한 것이 날 수가 있겠느냐"라고 말합니다. 또 외모를 자랑하는 사람들은 예수님을 받아들일 수가 없습니다. 성경에 의하면 예수님은 결코 미남이 아니셨기 때문입니다.

"그는 주(主) 앞에서 자라나기를 연한 순 같고 마른 땅에서 나온 줄기 같아서 고운 모양도 없고 풍채도 없은즉 우리의 보기에 흠모할 만한 아름다운 것이 없도다"(사 53:2).

또 자기에게는 굉장한 친구들이 있다고 자랑하는 사람들은 예수님을 어떻게 보았을까요? 그들은 세리와 죄인과 창기가 예수님의 친구인 것을 보고 그분을 받아들이지 않게 됩니다. 자신의 성공이나 인기에 대해 큰 자부심을 갖고 있는 사람은 "멸시를 받아서 사람에게 싫어 버린 바 된"(사 53:3) 예수님을 못 받아들입니다.

그러나 영혼의 가치를 볼 수 있는 사람들에게는 예수님보다 더 귀한 분이 없습니다. 마리아는 지금 그 예수님을 받아들이고 감격하는 것입니다.

"하나님, 그래서 하나님이 저를 택하셨군요. 아무것도 없지만 받아들일 마음의 준비가 되어 있음을 보시고 하나님이 저를 받아주셨군요."

이것이 영적인 목마름입니다. 주님은 목마른 자에게 하늘의 생수를 주셨습니다.

저는 교회에 나와도 도무지 말씀에 대한 애정과 목마름이 없는 사람들을 간혹 보게 되는데, 솔직히 그들이 이해가 안 됩니다. 정말 예수님을 깨닫고 변화된 사람은 말씀을 공부하고 싶어서 견딜 수가 없게 됩니다. 주일 아침에 한 번 나와서 설교 듣고 가는 것으로는 절대로 신앙 생활을 할 수 없습니다. 성경을 공부해야 합니다.

그래서 의(義)에 주리고 목마른 자는 복이 있다고 말씀합니다.

마리아에게는 목마름이 있었습니다.

"정말 내 깊은 문제를 해결할 수 있는, 아니 영원의 문제를 해결할 수 있는 하나님의 대답은 어디에 있는가?"

그때 하나님의 멧세지가 천사를 통해서 들려왔습니다.

"하나님이 네 속에 들어가겠다."

『네, 말씀대로 하십시오.』

마리아는 지금 그것을 찬양하는 것입니다.

언약의 자녀가 된 행복을 찬양

본문 54절을 보십시오.

"그 종 이스라엘을 도우사 긍휼히 여기시고 기억하시되."

마리아는 지금 자신이 하나님의 백성 중의 한 사람이 되었다는 행복을 생각한 것입니다.

"그래서 하나님이 우리를 도우시고, 주(主)의 자녀가 된 나를 도우시고 긍휼히 여기시며 기억하셨습니다."

55절을 보십시오.

"우리 조상에게 말씀하신 것과 같이 아브라함과 및 그 자손에게 영원히 하시리로다."

"우리 조상 아브라함에게 축복하신 하나님이 그 언약의 자손인 나에게 또 기적을 행하셨군요"

질문을 하겠습니다. 당신은 하나님의 자녀가 된 사실이 정말 행복합니까? 하나님이 내 아버지가 되셨다는 것과 그분이 돕고 계시고 나를 긍휼히 여기시며 나를 기억하시고 있다는 놀라운 사실을 생각해 보십시오.

마태복음 7장에 보면 최후의 심판 때 이야기가 나옵니다. 어떤 사람들이 예수님 앞에 나와서 이렇게 말합니다.
"주여 주여 우리가 주의 이름으로 선지자 노릇하며 주의 이름으로
귀신을 쫓아내며 주의 이름으로 많은 권능을 행치 아니하였나이
까"(22절).
그때 예수님이 어떻게 말씀하십니까?
"내가 너희를 도무지 알지 못하니 불법을 행하는 자들아 내게서 떠
나가라"(23절).
제일 큰 비극은 하나님이 나를 기억하지 못하신다는 사실입니다.

저 자신은 사실 많이 부족한 사람인데, 돌아다니면서 집회를 많
이 하다 보니까 많은 사람들을 만나 알게 되었습니다. 그래서인지
간혹 사람들로부터 "목사님, 아무개를 아십니까?"라는 질문을 받습
니다. 생각이 잘 안나면 『죄송합니다. 생각이 잘 안나는데요』라고
말합니다. 그러면 그 사람은 "아무개는 목사님을 굉장히 잘 안다는
데요"라고 말합니다. 그러나 그가 나를 잘 아는 것이 문제가 아니
라 내가 그 사람을 잘 알지 못하는 것이 문제입니다. 그런 경우를
당할 때마다 저는 이런 생각을 합니다.
'우리가 하나님을 안다고 하지만 자기 주관적으로 아는 것이 무슨
소용이 있을까? 하나님의 방법대로 알아야 하지 않을까? 그리고
하나님이 나를 아는가라는 것이 더 중요하지 않을까?'

하나님이 당신을 아십니까? 하나님이 당신을 자신의 자녀로 인
정하실까요? 그렇다면 당신은 성경적인 방법으로 하나님의 자녀가
된 체험이 있습니까? 성령으로 말미암아 거듭난 사실이 있습니까?
"영접하는 자 곧 그 이름을 믿는 자들에게는 하나님의 자녀가 되는
권세를 주셨으니"(요 1:12).
마리아는 그 행복을 기억했습니다.
"하나님이 나를 기억하신다."

그리스도인 시인 니더는 다음과 같은 시를 썼습니다.

> 인생은 한낱 물거품처럼 곧 사라지는 것.
> 모든 것은 다 잊혀진다, 전혀 있지 않았던 것처럼.
> 그러나 우리 영원할 수 있네, 영원하신 그분 안에 있을 때에.
> 주께서 기억하시는 사람으로.

이것이 마리아의 행복입니다. 그래서 마리아는 찬양합니다. "오, 하나님. 나를 기억하시고 나를 약속의 자녀로 삼아 주신 놀라우신 하나님을 찬양합니다."

여기 성탄 멧세지의 핵심이 있습니다. 마리아의 행복, 마리아의 찬양을 이 계절에 당신에게 선물해 드리고 싶습니다. 묻습니다. 당신은 정말 마리아처럼 하나님을 아는 그리고 주님을 소유한 이런 찬양을 드릴 수가 있습니까?

"오, 주님. 당신이 나의 주님이 되신 것과 내가 하나님의 자녀가 된 것을 참으로 감사드립니다."

이런 깊은 의미의 감사와 찬양을 주님 앞에 드리는 성탄이 되기를 축원합니다.

9

진짜 박사들

인류가 알고 있는 지식의 80%가 지금 우리들이 살고 있는 시대 속에서 이루어지고 있다는 사실은 이 시대의 지식의 속도를 반영해 주고 있습니다. 그러나 지식의 증가가 반드시 우리들을 지혜롭게 만든다고 이야기할 수는 없습니다. 많은 지식의 축적에도 불구하고 사람들이 아직도 얼마나 무지한가 하는 것을 풍자한 이야기를 들은 기억이 납니다.

젊은 남녀가 배를 타고 가다가 배가 뒤집히는 바람에 둘 다 빠졌다고 합니다. 남자는 죽었고 여자는 살아났는데, 그 이유가 재미있습니다. 남자는 돌머리였기 때문에 무거워서 빠져 죽었고, 여자는 골이 비었기 때문에 가벼워서 살아났다고 합니다.

지식이 단순한 사실의 축적이라면, 지혜는 지식을 사용하는 판단력이라고 말할 수 있습니다. 따라서 지혜라는 것은 지식을 어디에 어떻게 사용하느냐에 관련된 것입니다. 지식을 바르게 사용하는 것은 도덕적이고 영적인 영역에 속하는 문제입니다.

한 교도소의 교도관이 인간이 범죄하는 것은 무지하기 때문이라고 확신하고 있었습니다. 그래서 자기가 감시하고 있었던 무식한 죄수 중의 한 사람에게 아는 것이 힘이라고 역설하면서 글을 깨우쳐 주었다고 합니다. 문맹이었던 이 죄수는 교도소에서 글을 깨우치게 되었습니다. 그런데 이 죄수는 출옥한 지 얼마 안 되서 재범을 하고 또다시 교도소에 들어왔습니다. 기가 막힌 교도관이 그의 죄목을 알아보았더니 문서 위조죄였다고 합니다. 지식이 오히려 그를 망치고 말았던 것입니다

우리가 잘 알고 있는 동방 박사들의 이야기가 씌어 있는 본문에 보면, 지혜로운 사람들의 모습과 지혜롭지 못한 사람들의 모습이 동시에 나와 있습니다. 먼저 지혜롭지 못한 그 당시 지식인들의 모습을 살펴보겠습니다.

지혜롭지 못한 헤롯 왕

헤롯 왕은 지식에 대한 왕성한 욕구를 가지고 있었던 사람임에 틀림없습니다. 그는 종교적 영역에서도 지식에 대한 간절한 열망이 있었습니다. 본문 7절을 보십시오.
"이에 헤롯이 가만히 박사들을 불러 별이 나타난 때를 자세히 묻고."

별의 정체가 무엇인가? 그 별은 메시야와 어떤 관련이 있는가? 메시야는 언제 탄생했는가? 헤롯은 이런 문제들에 관한 질문을 시작했습니다. 그러나 우리가 잘 아는 대로, 헤롯이 이런 지식을 추구하게 된 그 동기는 사실상 추악한 것이었습니다.

헤롯은 본래 부당한 방법으로 왕이 된 사람이었습니다. 그래서 그는 정상적인 방법으로 정치 지도자가 되지 못한 대부분의 사람

들이 갖는 일종의 컴플렉스처럼 깊은 열등감을 가지게 되었습니다. 본래 유대인의 왕은 다윗의 후손에서 나와야만 그 정통성을 인정받도록 되어 있었는데, 헤롯은 로마의 권력에 편승해서 왕이 된 사람이기 때문입니다.

동방 박사들의 예루살렘 도착과 함께 메시야라는 새로운 왕의 탄생 소식이 알려지자 헤롯은 그 사건이 자기에게 불리한 영향을 끼칠 것이라고 판단한 것입니다. 그래서 그는 자신의 자리를 지키기 위한 조치를 취하기 시작한 것입니다.

당신은 헤롯 왕의 이러한 이야기를 읽으면서 당신 자신과 헤롯 왕이 무관하다고 생각합니까? 오늘 우리 시대에 헤롯의 후예가 없으리라 생각합니까? 사람들이 신앙을 거절하는 이유가 어디에 있습니까? 많은 이유가 있을 것입니다. 그러나 혹시 신앙 생활을 하게 되면 자신에게 손해가 되지 않을까라는 의식이 작용하고 있는 것은 아닙니까? 교회에 나와서 예배드리는 것을 시간 낭비라고 생각하지는 않습니까? 혹은 젊었을 때 예수 믿는 것이 청춘의 낭비라고 생각하지는 않습니까? 더 나아가 교회에서 하나님 앞에 재물을 바치는 것을 물질의 낭비라고 생각하지는 않습니까?

혹시 겉으로는 교회나 종교를 반대하지 않는다고 말하지만 속으로는 종교라는 것이 별로 자신에게 유익하지 못한 것이라는 계산과 판단으로 신앙을 거절하고 있는 사람이 있다면, 그 사람은 이 헤롯이라는 인물과 무관하지 않다는 사실을 깨달아야 합니다.

지혜롭지 못한 제사장과 서기관들

제사장들과 서기관들은 그 시대를 대표하는 종교인들이며 지식인들이라고 말할 수 있습니다. 본문 4절 이하에 보면, 이 제사장들과 서기관들이 메시야 탄생의 장소에 대한 정확한 성경적 지식을 갖고 있었음을 알 수 있습니다.

"왕이 모든 대제사장과 백성의 서기관들을 모아 그리스도가 어디
서 나겠느뇨 물으니"(4절).

왕의 물음에 그들은 이렇게 대답합니다.

"가로되 유대 베들레헴이오니…"(5절).

이들은 정확한 지식을 갖고 있었음에도 불구하고 메시야를 찾고
자 하는 노력을 전혀 하지 않았습니다. 아마도 이들은 오랜 세월
종교적 환경 속에 몸담고 있으면서 혹은 성경을 귀동냥하면서 성
경에 대한 일정한 지식을 축적하는 일에 성공한 사람들이라고 말
할 수 있습니다.

교회에 10년, 20년 다닌 사람은 동방 박사의 이야기가 나오면
벌써 그 다음의 사건을 줄줄이 말할 수 있을 정도로 지식적인 면에
서 큰 발전을 하게 됩니다. 그러나 묻습니다. 당신이 그 동안 축적
해 온 지식이 당신의 삶에 어떤 변화를 가져왔습니까? 당신이 하나
님을 알았다는 사실 때문에, 당신이 성경을 알았다는 사실 때문에
변화된 삶의 영역이 얼마나 됩니까? 혹 당신이 가지고 있는 종교적
지식이 당신의 삶과는 무관한 것은 아닙니까?

"다 알지. 크리스마스, 동방 박사, 선한 목자."

알지요. 그러나 나의 삶을 변화시키시고 나에게 영원한 생명을 부
여하시고 나의 삶에 새로운 의미와 방향과 목적을 제시하시기 위
해서 오신 메시야, 그분이 오셨다는 멧세지를 들으면서도 내 가슴
속에 흥분이 없고 열정이 없습니다. 이 차가운 이성(理性), 이것은
메시야에 대해 모르는 것보다도 못하다고 생각하지 않습니까? 그
런 사람은 마치 야고보서 2장에 나오는 귀신과 같은 상황에 있는
것 아닐까요?

"네가 하나님은 한 분이신 줄을 믿느냐 잘하는도다 귀신들도 믿고

떠느니라"(약 2:19).

나는 하나님이 한 분 존재하신다는 사실을 압니다. 예수님이 이천 년 전에 오셨다는 사실도 압니다. 또 그분이 십자가에서 나를 위해서 돌아가셨다는 사실도 압니다. 그러나 그것이 어떻다는 말입니까? 아는 데서 끝나 버리고 말면 그것이 무슨 소용이 있습니까?

당신이 삶의 방향과 목적을 변화시킬 수 없는 지식을 갖고 있다면, 그 양이 아무리 많다 해도 당신은 본문에 나오는 제사장들이나 서기관들과 같은 부류의 창백한 지식인에 불과한 것입니다.

정말 지혜로웠던 동방 박사들

우리말 성경은 그들을 "동방 박사들"이라고 말합니다. 저는 이들을 '진짜' 박사라고 부르고 싶습니다. '진짜'라는 말을 강조하는 이유는 가짜가 많기 때문입니다.

영어 성경에 보면 이 동방 박사들이 "Magi"라고 되어 있습니다. 또 어떤 번역에는 "Wise men"(지혜로운 사람들)이라고 되어 있습니다. 아마도 이들은 페르시아의 천문학자들이었을 것입니다. 천문학자들이라기보다는 점성술사에 더 가깝다고 보는 것이 정확할 것입니다. 그들은 별을 연구하면서 그것으로 개인의 운명을 예언했습니다. "Magic"(마법, 마력)이라는 단어는 바로 이 "Magi"라는 말에서 나온 것입니다. 그들은 개인의 운명을 다룰 뿐만 아니라 나라의 운명을 예언하기도 했습니다. 이들의 영향력은 심지어 나라의 법을 만드는 데에도 작용했습니다. 그래서 "Magistrate"(치안 판사)라는 말이 "Magi"라는 말과 어근을 같이하는 것입니다.

그들은 또한 그 당시의 세계에서 왕의 자문관 역할까지 했습니다. 유사시에는 그 사람을 왕으로 세울 것이냐 안 세울 것이냐를 결정하는 일까지 했습니다. 어떤 고대 문서에는 그들을 "king maker"(왕을 만드는 사람)라고 말하기도 합니다.

이렇게 그들은 굉장한 지식과 권력과 영향력을 가지고 있었던 사람들인 것입니다. 그럼에도 불구하고 그들에게는 자기 만족에 빠지지 않았던 겸손함이 있었습니다. 아니 자신들이 추구하고 있던 지식의 진정한 대상을 찾아가 경배할 만큼 진리에 대한 열정이 있었던 것입니다.

그럼, 동방 박사들이 갖고 있던 지식은 어떤 지식이었는지 생각해 봅시다.

첫째, 동방 박사들의 지식은 그들로 그 지식의 진정한 대상을 찾아가게 합니다.

동방 박사들은 아마도 구약성경을 알고 있었을 것입니다. 민수기 24장에 보면, 발람이라는 예언자가 메시야의 탄생을 알리는 별이 야곱 족속에게서 나올 것이라고 예언한 내용이 나옵니다. 그들은 이 멧세지를 알았을 것입니다. 아니 페르시아에 살고 있던 이들이 어떻게 성경을 알았을까요? 여기에 대한 답은 다니엘서 2장 48절을 찾으면 알 수 있습니다.

"왕이 이에 다니엘을 높여 귀한 선물을 많이 주며 세워 바벨론 온 도(道)를 다스리게 하며 또 「바벨론 모든 박사의 어른을 삼았으며」."

B.C. 587년에 유다 왕국은 완전히 망했습니다. 바벨론 제국은 유다 왕국을 멸망시키고 그 나라 사람들을 포로로 잡아갔습니다. 특히 젊고 똑똑한 청년 지식인들을 많이 잡아갔는데, 그 중에 유명한 사람이 다니엘, 사드락, 메삭, 아벳느고입니다. 그들은 포로였지만, 포로된 그 나라에서 상당히 출세를 합니다. 그 중에서 특히 다니엘은 하나님과 교통할 수 있는 영적인 직관력을 계기로 해서 굉장히 크게 출세하게 됩니다. 어느 정도 높아졌습니까? 일종의 도지

진짜 박사들 • 135

사(道知事)라고 말할까요?

본문에서 다루는 인물은 동방의 박사들입니다. 그런데 다니엘은 '박사의 어른'이라고 말씀합니다. 다시 말해서 다니엘은 바벨론에서 그 나라의 유명한 박사들을 다스리고 관리하는 역할을 했다는 이 야기입니다. 다니엘은 하나님을 알고 성경을 알았으므로 그의 그러 한 지식은 박사들에게 영향을 끼쳤음이 분명합니다. 이러한 역사적 배경을 근거로 해서 동방의 박사들은 성경을 알게 된 것입니다. 그 리고 성경의 예언을 따라서 메시야의 탄생을 기다리고 있었던 것 입니다.

동방 박사들은 이방인들이었습니다. 여호와 신앙의 환경 속에서 자라지 못했다는 이야기입니다. 그러나 자기들에게 성경의 지식이 비추어졌을 때, 그 지식의 정체를 진지하게 탐구했습니다. 성경 지 식을 굉장히 많이 알고 있으면서도 아무것도 안 하는 사람이 있는 가 하면, 조금 알지만 그 앎을 정말 삶에 적용하기 위해서 몸부림 치는 사람이 있습니다. 어느 편이 낫다고 생각합니까? 물론 많이 알아야 합니다. 그러나 관념적인 지식에 그쳐서는 안 됩니다.

이 동방의 박사들은 그들이 알게 된 성경의 말씀을 근거로 해서 메시야를 찾아가게 됩니다. 그들은 계시된 지식을 근거로 계시의 대상을 찾아가는 노력을 시작한 것입니다.

둘째, 동방 박사들의 지식은 마침내 그들을 예배의 자리로 인도 합니다.

그들이 예루살렘 도착했을 때, 그들은 자기들이 그곳에 온 목적을 이렇게 말합니다.

"유대인의 왕으로 나신 이가 어디 계시뇨 우리가 동방에서 그의 별 을 보고 「그에게 경배하러 왔노라」"(2절).

예배하러 왔다는 이야기입니다.

영국의 유명한 신학자 제임스 패커는 이런 이야기를 했습니다. "만일 우리가 가지고 있는 하나님에 대한 지식이 우리를 하나님께 예배하도록 이끌지 못한다면, 그 지식은 죽은 것이다."

당신이 가지고 있는 하나님에 대한 지식이 당신으로 하여금 하나님을 예배하게 만듭니까? 하늘과 땅을 창조하신 창조주 하나님, 나를 창조하시고 지금의 나를 있게 만드신 하나님, 지금도 역사를 주관하고 섭리하시는 하나님, 언젠가는 이 역사를 심판할 하나님, 이 하나님을 내가 참으로 알았다면, 하나님 앞에 엎드려 그분을 예배할 수밖에 없습니다. 찬송과 영광과 존귀와 경배를 그분 앞에 드리지 않을 수가 없습니다.

예배는 시간의 공백을 메꾸기 위한 종교인들의 유치한 시간 놀이가 아닙니다. 전지하시고 전능하시고 만유를 주장하시는 하나님을 참으로 아는 자는 그 하나님 앞에 엎드릴 수밖에 없습니다. "주님, 주님은 나에게서 이 찬양과 경배와 영광과 존귀를 받으시기에 합당하시나이다."
이것이 예배입니다.

동방 박사들의 예배는 헌신으로 표현되었습니다. 11절을 보십시오.
"집에 들어가 아기와 그 모친 마리아의 함께 있는 것을 보고 엎드려 아기께 경배하고 보배합을 열어 황금과 유향과 몰약을 예물로 드리니라."
그 집에 들어가서 마리아를 향해서가 아니라 하나님이신 아기께 경배했습니다. 그리스도 한 분만이 우리의 경배를 받으시기에 합당하신 분입니다. 그들은 또한 황금과 유향과 몰약을 바쳤습니다. 이 예물에는 상징적인 의미가 많이 들어 있을 것입니다. 그러나 그것 각각의 상징적인 의미보다 더 중요한 사실이 있습니다. 즉, 그것들은 동방 박사들이 드릴 수 있는 최대의 선물, 최선의 선물이었다는 것입니다. 그들은 거룩하신 하나님 앞에 가장 존귀한 것, 자기들의 최선의 것을 바쳤던 것입니다.

영원한 소녀 시인이라고 일컬어졌던 크리스틴 로제티라는 시인은 어느 성탄절에 주님 앞에 다음과 같은 시를 드렸습니다.

> 주님, 내가 동방 박사라면
> 황금과 유향과 몰약을 드릴 수 있었을 터인데,
> 내가 만일 양치는 목자라면
> 어린 양 중에 하나를 주 앞에 드릴 수 있었을 터인데,
> 그러나 주님,
> 나는 주님 앞에 내 자신을 드리겠나이다.

나의 최선, 나의 가장 고귀한 것을 하나님 앞에 드림으로써 그분을 섬기는 이 위대한 삶을 시작할 수 있다면, 당신은 지혜로운 동방 박사의 반열에서 하나님을 예배할 수 있는 자격을 갖춘 것입니다. 당신은 어디에 서 계십니까?

무지한 자가 되지 마십시오. 그러나 지식이 있으면서도 당신을 구원할 수 있는 메시야를 거절하고 그분에게서 멀어진 삶을 사는 자가 되지도 마십시오.
"집에 들어가 아기와 그 모친 마리아의 함께 있는 것을 보고 「엎드려 아기께 경배하고…」"

"오, 하나님. 당신은 나에게서 이 찬양과 이 예배와 이 영광과 이 존귀를 받으시기에 합당하십니다. 나의 사랑과 시간과 재물을 바쳐 주님을 증거하고 자랑하며 섬기는 일에 내 삶을 사용할 수 있기를 원합니다. 주님, 이 기쁜 성탄에 무엇보다도 내 영혼과 내 애정과 내 삶을 주 앞에 드리오니 나를 받아 주시옵소서."
이 헌신과 고백의 기도를 드리는 당신이 되기를 바랍니다.

10

동정녀 탄생의 교리

이 번 장(章)에서 저는 동정녀 탄생의 교리에 대한 말씀을 나누려 합니다. 아마 교회에 출석하시는 분들 가운데도 "정말 예수님이 동정녀를 통해서 탄생할 수 있었겠는가? 신앙을 갖는다는 것이 꼭 그것까지 믿어야 하는 것인가?"라는 의문을 품고 계신 분이 많이 있으리라 생각합니다. 그런 분들은 이 말씀을 통해서 동정녀 탄생의 교리에 대한 그리스도인의 자세를 정립하게 되기를 원합니다.

수년 전에 유행했던 소위 「예수 그리스도, 슈퍼 스타」라는 뮤지컬은 현대인들에게 예수님에 대한 새로운 관심을 불러일으켰습니다. 그러나 신학적으로 볼 때, 여기에는 대단히 위험한 내용들이 들어 있었습니다. 예컨대 그 노래의 가사 가운데 이런 가사가 있습니다. 가롯 유다가 예수님을 향해서 외치는 대목입니다.
"이 사람에게서 신화를 벗겨라."

다시 말하면, 예수님의 생애 가운데 많은 부분을 신화적이라고 생각하는 사람들의 의견이 이런 뮤지컬을 통해서 반영되고 있는 것입니다.

아네스트라는 사람은 전설적 자서전이라는 전제 아래서 예수 그리스도의 생애를 취급했습니다. 로빈슨이라는 감독은, 그리스도의 역사는 초역사이며 성경의 언어는 신화적 언어이기 때문에 그것들은 오늘날의 현실 속에서 재해석되지 않으면 안 된다는 이야기를 했습니다. 포스틱이라는 설교가는, 현대 사회가 수락할 수 없는 생물학적인 기적이 바로 처녀 탄생이라고 이야기하기도 했습니다.

우리는 교회 바깥에서가 아니라 교회 안에 있는 신학자들과 교인들에게서 처녀 탄생의 교리에 대한 신학적인 도전이 일고 있는 모습을 볼 수 있습니다. 이것은 현대의 자유주의적인 신학 경향과 세속 철학의 영향이 동정녀 탄생에 대한 전통적인 믿음을 흔들어 놓고 있는 모습입니다.

이런 문제들을 취급하면서 먼저 우리가 기억해야 될 사실이 있습니다. 인류학자들에 의하면, 모든 민족들이 다 신화를 갖고 있는데, 신화를 제일 사용하지 않는 민족이 유대 민족이라고 합니다. 유대 민족들이 세계 모든 민족 가운데에서 가장 신화를 거부하고 역사를 역사답게 접근하는 민족이라는 사실을 우리는 기억해야 합니다. 그러므로 예수 그리스도의 생애를 다른 사람들의 생애처럼 하나의 전설이나 신화로 다룰 수는 없는 것입니다.

또한 마태복음이나 누가복음에 취급된 이 처녀 탄생의 문제에 관한 기사들이 신화적 기술 방법이 아니라 역사적 접근 방법으로 기술되고 있다는 사실을 주목해서 보아야 합니다. 마태복음 1장은 유대 민족의 제왕들의 역사적 사실을 취급하며, 역사의 한 토막으로서 처녀 탄생의 교리를 이야기하고 있습니다.

누가복음은 더 인상적입니다. 누가복음은 누가가 기록했습니다. 누가는 기독교 역사가가 아닌 세속적인 역사학자들에게까지도 1세기에 나타난 가장 훌륭한 역사가로 지목받고 있는 인물입니다. 더군다나 이 누가의 직업은 의사였습니다. 우리는 동정녀 탄생에 대한 교리가 가장 정확하게 기록된 누가복음이 의사의 손에 의해서 기록되었다는 사실을 주목해야 합니다. 즉, 이 의사의 마음 속에도 예수 그리스도의 동정녀 탄생은 움직일 수 없는 역사적 사실로 다가왔다는 점을 발견해야 한다는 의미입니다.

누가복음 1장 1절은 이렇게 시작됩니다. 그 기술 방법을 주목해서 보십시오.
"우리 중에 이루어진 「사실」에 대하여".
역사적 사실에 대한 증거라는 이야기입니다. 계속 보십시오.
"처음부터 말씀의 목격자 되고 일꾼된 자들의 전하여 준 그대로 내력을 저술하려고 붓을 든 사람이 많은지라"(2절).
누가는 예수 그리스도의 전 생애를 목격한 모든 사람들이 전해 준 역사적 사실과 내력 그대로를 저술하려고 붓을 든 사람이 많다고 말합니다. 계속되는 말씀을 보십시오.
"그 모든 일을 근원부터 자세히 미루어 살핀 나도…"(3절).
이 구절은, 누가가 자신이 지켜본 역사적 사실에 근거하여 그리스도의 생애를 소개한다는 이야기입니다. 그러면서 누가복음 1장에 그리스도의 동정녀 탄생에 관한 기사가 기록되고 있는 것입니다.

다시 말씀드립니다. 성경은 다른 모든 전설이나 신화적인 내용을 취급하고 있는 책과는 전혀 성격과 기술 방식이 다릅니다. 역사적 서술 방법에 근거하여 역사적 사건을 다루려는 기자들에 의해서 예수 그리스도의 동정녀 탄생이 소개되고 있다는 사실을 주목해서 보십시오. 그럼에도 불구하고 교회 안에까지 처녀 탄생을 반대하는

학자들의 의견이 팽배하고 있는 원인은 무엇인가? 왜 반대하는가? 그들의 의견에 대항할 수 있는 성경적인 논거는 없는 것인가? 이 사실을 말씀드림으로써 예수 그리스도의 동정녀 탄생에 대한 그리스도인들의 전통적인 믿음이 얼마든지 성경을 통해서 확인될 수 있는 자랑스러운 믿음이라는 것을 확인하고자 하는 것이 이 말씀의 목표입니다.

반대자들의 주장

그럼, 예수님의 동정녀 탄생을 반대하는 사람들의 이야기를 몇 가지 들어 봅시다.

● **"성경에 예수님의 동정녀 탄생 이야기가 많이 기록되어 있지 않다."**

이것은 그 이야기가 성경의 한두 군데에만 기록되어 있다는 이야기입니다. 이들의 말이 사실인가 아닌가를 이야기하기 전에, 성경에 적게 기록되어 있다고 해서 그것이 진리가 아닌 것으로 판명되어야 할 논리적인 근거가 어디 있는지를 생각해 봅시다. 단 한 번 기록되어 있어도 그것이 하나님의 말씀이라면, 그것은 하나님의 진리로 수용되어야 합니다.

한 걸음 더 나아가서, 성경을 읽어 보면 동정녀 탄생의 교리가 한두 군데 기록되어 있는 것이 아니라는 사실을 발견하게 됩니다. 성경을 모르는 사람들이 그런 이야기를 하는 것입니다. 동정녀 탄생의 교리는 창세기부터 요한계시록까지를 꿰뚫는 하나의 교리로 기록되고 있습니다.

창세기 3장 15절에 보면 하나님께서 타락한 아담과 하와를 향해서 그리고 뱀으로 상징된 사단을 향해서 말씀하십니다.

"너로 여자와 원수가 되게 하고… 「여자의 후손」은 네 머리를 상하게 할 것이요."
이 구절에서 "여자의 후손"이라는 단어 앞에는 정관사가 붙어 있습니다. 많은 여자의 후손이 아니라 단 한 여자의 후손이 마귀의 권세를 깨뜨리고 인류에게 구원의 길을 열어 줄 것이라고 말하는 것입니다. 이 여자의 후손이 누구입니까? 어떤 사람에게 우리는 여자의 후손이라는 표현을 사용할 수 있습니까? 당신과 저에게 여자의 후손이라는 표현이 타당합니까? 우리는 다 남녀 합작의 후손입니다. 그러나 남자의 힘을 빌리지 아니하고 탄생한 역사 속의 인물, 다시 말하면 성령으로 잉태하여 동정녀 마리아에게서 탄생하신 그분만이 유일한 여자의 후손입니다. 성경은 그 여자의 후손이 뱀의 머리를 상하게 할 것이라고 창세기 3장부터 예수 그리스도의 처녀 탄생을 예언하고 있는 것입니다.

이사야서 7장 14절에서 이사야 선지자는 이렇게 말씀합니다.
"그러므로 주(主)께서 친히 징조로 너희에게 주실 것이라 보라 처녀가 잉태하여 아들을 낳을 것이요 그 이름을 임마누엘이라 하리라."
예수님이 탄생하시기 700년 전에 이미 성경은 그리스도의 동정녀 탄생을 가르쳤습니다.

예레미야서 22장 28절 이하를 보십시오. 이 말씀은 우리가 자주 취급하지는 않지만 동정녀 탄생에 대한 아주 재미있는 기사가 취급되고 있는 부분입니다.
"이 사람 고니야는 천한 파기(破器)냐 좋아하지 아니하는 그릇이냐 어찌하여 그와 그 자손이 쫓겨나서 알지 못하는 땅에 들어갔는고 땅이여, 땅이여, 땅이여, 여호와의 말을 들을지니라 나 여호와가 이같이 말하노라 너희는 이 사람이 무자(無子)하겠고 그 평생에 형통치 못할 자라 기록하라 이는 그 자손 중 형통하여 다윗의 위 (位)에 앉아 유다를 다스릴 사람이 다시는 없을 것임이니라"(28~ 30절).

여기 고니야라는 인물을 기억해 두십시오. 마태복음 1장에 나오는 예수님의 족보에 보면 여고냐라는 왕이 나옵니다. 고니야와 여고냐 는 동일 인물입니다. 고니야가 무자하리라는 이야기는 여고냐에게 서 그 혈통이 끊어진다는 뜻입니다. 그런데 마태복음 1장에 보면 요셉이 여고냐의 후손으로 기록되어 있습니다. 예레미야서에는 고 니야의 후손 중에는 유다를 다스릴 자가 없다고, 메시야가 나오지 않는다고 말했는데, 어떻게 된 일입니까? 이 말씀을 다음의 말씀과 비교해 보십시오.

예레미야 23장 5, 6절입니다.
"나 여호와가 말하노라 보라 때가 이르리니 내가 다윗에게 한 의로 운 가지를 일으킬 것이라 그가 왕이 되어 지혜롭게 행사하며 세상 에서 공평과 정의를 행할 것이며 그의 날에 유다는 구원을 얻겠고 이스라엘은 평안히 거할 것이며 그 이름은 여호와 우리의 의(義)라 일컬음을 받으리라."
이 의로운 가지가 메시야에 대한 예언입니다. 다시 말하면 혈통이 끊어질 것이라고 예언을 하고 나서, 그 다음에 거기에서 한 가지가 나온다고 말합니다. 기적적인 방법으로 한 가지가 나와 우리의 의 (義), 우리의 메시야가 될 것이라고 예언했습니다. 이제 조금 되돌 아가 보면 결정적인 예언이 나옵니다.

예레미야서 21장 2절 이하를 보십시오.
"처녀 이스라엘아 너를 위하여 길표를 세우며 너를 위하여 표목을 만들고 대로(大路) 곧 네가 전에 가던 길에 착념하라 돌아오라 네 성읍들로 돌아오라 패역한 딸아 네가 어느 때까지 방황하겠느냐

「여호와가 새 일을 세상에 창조하였나니 곧 여자가 남자를 안으리라」(21, 22절).

하나님이 새로운 역사를 창조하겠다고 말씀하십니다. 그 새로운 역사란 여자가 남자를 안게 되리라는 것입니다. 아니 여자가 남자 아기를 안는 것이 뭐가 그리 새롭다는 말입니까? 여기서는 여자가 남자를 품에 안는다는 것이 새롭다는 말이 아닙니다. 성경은 남자의 도움 없이 남자 아기를 품에 안는 놀라운 기적이 일어날 것을 예언하면서 그것을 새로운 역사라고 말하는 것입니다. 끊어진 혈통에도 불구하고 법적인 혈통을 이어서 하나님의 기적과 간섭으로 여자(마리아)가 아기를 품에 안게 되는 놀라운 기적이 일어날 것이라는 사실입니다.

성경은 동정녀 탄생을 얼마든지 많이 가르치고 있습니다. 성경은 또한 많은 부분을 통해서 동정녀 탄생을 전제하여 멧세지를 전하고 있습니다. 이를테면 성경이 예수님을 소개할 때 '하나님의 아들, 하나님의 독생자'라는 표현을 쓰는데, 이런 표현 속에는 처녀 탄생의 위대한 교리가 담겨져 있다는 사실을 기억해야 합니다.

이사야서 9장 6절을 보십시오.

"이는 한 아기가 우리에게 났고 한 아들을 우리에게 주신 바 되었는데…"

이 말씀은 동정녀 탄생이라는 기적적인 방법으로 육신을 입고 오시는 하나님에 대한 놀라운 예언으로 아직도 우리를 향해서 다가오고 있습니다.

● **"예수님 자신이 동정녀 탄생을 주장하신 일이 없다."**

그렇지 않습니다. 성경에 보면 예수께서 자신의 탄생에 대하여 말씀하신 구절들이 있습니다.

요한복음 6장 33절을 보십시오.
"하나님의 떡은 하늘에서 내려 세상에게 생명을 주는 것이니라."
이 말씀은 무엇을 내포하고 있습니까? 예수께서는 자신이 하늘에
서 내려온 산 떡이라고 말씀하십니다.

요한복음 8장 23절을 보십시오.
"예수께서 가라사대 너희는 아래서 났고 나는 위에서 났으며 너희
는 이 세상에 속하였고 나는 이 세상에 속하지 아니하였느니라."

이것은 그리스도의 탄생 혹은 기원이 사람들의 평범한 탄생과는
근본적으로 맥락을 달리한다는 사실에 대한 증언입니다. 성경은 우
리에게 그리스도의 탄생이 초자연적인 위대한 탄생이라는 것을 가
르치고 있지 않습니까?

● "동정녀 탄생은 인간의 이성으로 용납될 수 없다."
만일 인간의 이성으로 얼른 납득이 안 되는 초자연적인 부분을 다
제거하면 무엇이 남습니까? 우찌무라 간조라는 사람은 이렇게 말
합니다.
"성경에서 내 이성으로 받아들일 수 있는 부분만 남기고 나머지를
모두 제거한다면 무엇이 남는가? 꼭 두 가지가 남는데, 성경의 앞
뚜껑과 뒤 뚜껑이다."

창세기 1장 1절은 이렇게 말합니다.
"태초에 하나님이 천지를 창조하시니라."
무(無)에서 유(有)를 창조한 이 자체가 얼마나 위대한 기적입니
까? 성경은 거기에서부터 시작합니다. 성경의 마지막 선언은 "아멘
주(主) 예수여 오시옵소서"라는 말씀입니다. 구름을 타고 영광 가
운데 다시 오셔서 온 세상을 심판하실 주님! 성경은 기적으로 시작

해서 기적으로 끝납니다.

미국 남침례교에 학장을 역임한 스카보로라는 유명한 박사님이 계십니다. 어느 날 박사님의 어린 아들이 학교에서 선생님의 이야기를 듣고 와서 이런 질문을 던졌습니다.

"아버지, 아버지는 정말 물고기가 요나를 삼켰다고 믿으세요? 과학적으로 얼른 수락하기가 어려운 그 이야기를 말예요."

이때 스카보로 박사님은 사랑하는 아들을 앞에 앉혀 두고 이런 유명한 이야기를 했다고 합니다.

『아들아, 나는 물고기가 요나를 삼켰다는 사실을 믿는단다. 뿐만 아니라 만약 성경에 하나님께서 하나님의 능력으로 요나가 물고기를 삼키게 하셨다고 기록되어 있다면 나는 그대로 믿을 것이다. 전능하신 하나님을 신뢰한다면 그 일이 왜 불가능하겠니?』

신앙은 과학을 반대하지 않습니다. 그러나 신앙은 과학을 초월합니다. 신앙은 초과학의 세계까지, 아니 초자연적인 영역까지도 다룹니다. 신앙에서 초자연적인 영역을 제거하면, 신앙은 신앙이 될 수 없습니다.

그러나 오늘날 과학자들은 대단히 재미있는 사실을 말합니다. 현대 과학은 처녀 탄생의 교리를 과학적으로 받아들일 수 있을 정도까지 발달하고 있다는 것입니다. 1886년에 티코 미로프라는 사람이 처음으로 인공적인 단성 생식에 성공했습니다. 현대에 와서는 인공적으로 처녀 쥐를 만드는 실험까지 성공하고 있습니다. 생물학자인 볼튼 데이빗 하이스 박사는 이런 유명한 이야기를 했습니다.

"인간의 힘으로 단성 생식을 가능하게 할 정도까지 현대 과학이 발달했다면, 전능하신 하나님께서 동정녀의 몸을 통해서 인간에게 구세주를 보내시지 못할 이유가 어디 있는가?"

그렇습니다. 예수 그리스도의 생애를 관찰해 보십시오. 우리 주

(主) 예수 그리스도의 생애는 두 가지의 놀라운 기적이 그 알파와 오메가를 장식합니다. 그분의 생애 처음에는 동정녀 탄생이라는 기적이 있었습니다. 그분의 생애 끝에는 부활이라는 위대한 기적이 있었습니다. 이 두 개의 기적을 제외할 때 그리스도의 역사적 생애는 무너지고 맙니다. 성경은 이 사실을 분명히 역사적 사실로 기록하고 있습니다.

하나님이 전능하신 분이라는 사실과 그 하나님에 대한 신뢰와 믿음이 전제될 때, 동정녀 탄생은 과학의 눈으로도 받아들이기에 그리 어렵지 않은 기적이라는 것을 우리는 다시 확인하게 됩니다.

셰익스피어가 자신의 작품에서 햄릿이라는 인물을 통해서 한 유명한 이야기를 소개하고 싶습니다. 그는 이렇게 말합니다.

"하늘과 땅에는 네 철학이 꿈꾸지 못하는 일이 얼마든지 있을 수 있음을 기억하라."

인간의 유한한 지식과 생각과 이성이 미치지 못하는 영역에 위대한 기적과 역사를 다루시는 하나님의 섭리가 얼마든지 가능하다는 이 위대한 진리를 받아들이는 겸허한 사람들에게는 동정녀 탄생이 전혀 문제가 되지 않습니다. 그럼에도 불구하고 아직도 많은 사람들이 동정녀 탄생을 거부하는 이유가 어디에 있습니까? 그것은 지식인은 동정녀 탄생과 같은 비과학적인 이야기를 믿어서는 안 된다는 지식인의 영웅심 내지는 자부심 때문일 것입니다.

가장 권위있고 가장 종교적이며 가장 위대한 신학자들이 고백한 그리스도인의 신앙고백서인 「웨스트민스터 신앙고백서」에 보면, 처녀 탄생에 대한 엄숙한 교리가 내포되어 있습니다. 한 세기를 움직인 루터와 칼빈 같은 종교가도 그리스도의 동정녀 탄생에 조금도 이의를 제기하지 않았습니다. 또 웨슬레나 스펄전이나 무디와 같은 하나님이 쓰셨던 위대한 하나님의 사람들이 믿었습니다. 또 토리 박사가 믿었고 현대에 가장 존경받는 신학자인 칼 바르트가 이의 없이 예수 그리스도의 처녀 탄생을 믿었습니다. 위대한 그리스도인 과학자인 뉴톤은 자신의 유명한 글에서 이렇게 말합니다.

"나는 그리스도의 처녀 탄생을 의심없이 믿는다."

심프슨이, 루이스 파스텔이 예수 그리스도의 처녀 탄생을 그들의 입술로 고백하였습니다. 유명한 정치인인 글레드스톤이, 로이드 조지 경이, 윈스턴 처칠이, 아브라함 링컨이, 우드로우 윌슨이 예수 그리스도의 처녀 탄생을 믿는다고 그들의 입술로 고백하였습니다. 그렇다면 당신이 믿지 못할 이유가 어디에 있습니까? 그리스도인 지성인 가운데에도 예수 그리스도의 동정녀 탄생을 믿는 우리의 동지들이 많이 있다는 사실을 기억해 주십시오.

지나간 세기에 미국의 프린스톤 신학교가 낳은 가장 위대한 신학자라고 일컬어지던 그레샴 매이첸 박사가 쓴 책 중에 『예수 그리스도의 동정녀 탄생』이라는 책이 있습니다. 이 책은 예수 그리스도의 동정녀 탄생을 반대하는 모든 이론을 여지없이 무너뜨리는 신학적인 걸작입니다. 이 책에 관해서 신학자들은 이구동성으로 이렇게 말합니다.

"프린스톤의 지성, 프린스톤의 양심이라고 일컬어지는 세계 최대의 학자가 기록한 그리스도의 동정녀 탄생에 관한 이 책에 대해서 반론을 제기할 수 있는 작품은 아직 나오지 않았다."

동정녀 탄생에 대하여 반론을 제기할 수 있는 사람이 있으면, 매이첸 박사의 이 책을 먼저 읽고 이 책에 대한 반론을 제기해야 할 것입니다. 그런데 현대의 발달된 모든 학문이 아직까지도 그리스도의 처녀 탄생에 대한 매이첸 박사의 위대한 증언을 넘어뜨리지 못하고 있습니다.

이제 문제의 초점을 조금 조정하고자 합니다. 지금까지는 그리스도의 동정녀 탄생에 대한 반대가 얼마나 근거 없는 이야기인가 하는 점을 말씀드렸습니다. 그러나 더 중요한 것은, 왜 그리스도께서 그렇게 탄생하지 않으면 안 되었는가 하는 점입니다.

동정녀 탄생의 필연적 이유

예수께서 동정녀의 몸에서 태어나시지 않으면 안 될 필연적인 이유를 세 가지로 알아 보겠습니다.

첫째/ 거룩한 하나님을 온전히 계시하기 위하여

부처의 탄생 설화에 보면, 석가가 어머니의 옆구리를 통해서 나오는 것으로 되어 있습니다. 그런데 그 기사를 읽으면서 우리가 자연스럽게 제기하게 되는 질문은 그가 그렇게 탄생해야 할 이유가 어디 있는가 하는 것입니다. 아무런 이유가 없습니다.

그러나 그리스도는 거룩하신 하나님을 인간에게 계시하시기 위해서 탄생하셨습니다. 성경은 이렇게 말합니다.

"모든 사람이 죄를 범하였으매 하나님의 영광에 이르지 못하더니" (롬 3:23).

죄로 말미암아 오염된 인간 속에서 하나님은 하나님의 하나님 되심을 완전하게 나타낼 수 없으셨습니다. 하나님께서 자신의 영광과 아름다움과 거룩함을 온전히 인간에게 알게 하기 위해서는 이 땅에 특별한 방법으로 오셔야 했던 것입니다.

요한은 요한복음 1장 18절에서 이렇게 말합니다.

"본래 하나님을 본 사람이 없으되 아버지 품 속에 있는 독생하신 하나님이 나타내셨느니라."

바울은 골로새서 1장 15절에서 이렇게 말합니다.

"그(예수 그리스도)는 보이지 아니하는 하나님의 형상이요"

어느 날 빌립이 예수께 찾아와서 물었던 질문이 생각나십니까?
"선생님, 아버지 하나님을 한 번만 보여 주십시오. 그러면 족하겠나
이다."
예수님의 대답은 이렇습니다.
『나를 본 자는 아버지를 보았느니라.』
그분은 하나님을 나타내기 위해서 오셨습니다. 그 거룩한 하나님을
계시하시기 위해서 그분에게는 초자연적인 탄생이 필요했던 것입
니다.

둘째/하나님의 말씀을 이루기 위하여

우리는 이미 구약에서 메시야의 동정녀 탄생에 대한 예언을 살펴
보았습니다. 만약 예수께서 처녀의 몸에서 탄생하지 않으셨다면, 하
나님의 모든 약속의 말씀은 거짓말이 되어 버리는 것입니다. 신실
하신 하나님은 자신의 약속을 지키셔야 했습니다.
　그래서 마태복음 1장에 보면, 천사가 예수님의 동정녀 탄생의 위
대한 사실을 선포하면서 이렇게 말합니다.
"주(主)께서 선지자로 하신 말씀을 이루려 하심이니…"
구약에 약속하신 그대로 그 뜻을 이루려 하심이라고 말씀합니다.
"보라 처녀가 잉태하여 아들을 낳으리니 그 이름을 임마누엘이라
하리라"는 이사야 선지자의 예언을 성취하기 위해서인 것입니다.

셋째/인간을 구속(救贖)하기 위하여

구약에 보면, 사람들이 자기들이 지은 죄를 용서받기 위한 일시적
인 방편으로 하나님 앞에 제물을 바치는 모습을 볼 수 있습니다.
그들을 대신해서 제물이 되는 동물은 언제나 흠이 없고 티가 없는
제물이어야 했습니다. 성경의 용서의 사상 혹은 구속의 사상에 관
한 중요한 조건은 이것입니다.
"죄 있는 것은 죄 있는 것을 대신할 수 없다. 거룩하고 깨끗한 것

만이 죄인을 대신할 제물이 될 수 있다."
그렇습니다. 자신의 몸을 십자가에서 거룩한 제물로 드림으로써 구
원의 주님이 되기 원하셨던 예수님, 그분은 거룩하고 흠이 없는 제
물이어야 했고, 따라서 인간의 모든 오염을 거절한 특별한 방법으
로 탄생하셔야 할 필요가 있었던 것입니다.

욥의 증언을 소개합니다. 욥은 욥기 25장 4절에서 이렇게 말합니
다.
"그런즉 하나님 앞에서 사람이 어찌 의롭다 하며 부녀에게서 난 자
가 어찌 깨끗하다 하랴."
성경은 인간 가운데 대속(代贖)의 제물이 될 자격이 있는 사람이
아무도 없다는 사실을 말하고 있는 것입니다.
"의인은 없나니 하나도 없으며… 선을 행하는 자는 없나니 하나도
없도다."

거룩한 하나님의 안목으로 보시기에 인간 가운데 죄없는 자가
어디에 있습니까? 모든 사람이 다 죄를 범했습니다. 그래서 하나님
은 메시야를 보내실 때, 그분을 거룩하고 깨끗한 제물이 되게 하기
위해서 특별한 방법으로 출생하게 하신 것입니다. 이렇게 우리는
예수께서 거룩한 인격으로, 죄 없는 하나님의 아들로 이 땅에 오셔
야 할 절대적인 이유를 성경에서 확인할 수 있습니다.

그리스도의 거룩한 피

사도행전 17장 26절을 보면, 성경은 인간의 모든 족속이 한 혈통
으로 지음을 받았다고 기록하고 있습니다. 이 지구상에 살고 있는
전 인류는 혈통상 한 족속입니다. 무슨 이야기입니까? 우리는 자연
적 출생에 의해서 아담에게 속한 자로, 한 피를 가진 아담족으로

이 지구상에 태어납니다.

그러나 우리가 예수 그리스도를 구주와 주님으로 영접함으로써 성령으로 거듭날 때, 우리는 속죄함을 받은 하나님의 가족으로 다시 태어나는 것입니다. 성경에는 예수님의 피에 대해서 증언하는 부분이 많이 나오는데, 대표적인 예(例)로 가룟 유다가 예수님을 판 후에 후회하면서 외치는 장면입니다.

"내가 무죄한 피를 팔고 죄를 범하였도다"(마 27:4).

성경은 예수 그리스도의 거룩함과 성결함에 대해 계속적으로 증언하고 있습니다.

미국 미시간에 살던 유명한 의사요 전도자였던 M.R. 디한 박사는 그리스도의 거룩함을 묵상하면서 다음과 같이 일곱 가지로 예수 그리스도의 처녀 탄생의 필연적인 진리를 증언했습니다.

첫째로, 우리는 모두 아담 안에서 태어나며 따라서 아담의 죄는 모든 후손에게 영향을 끼쳤다.

둘째로, 죄의 값으로 말미암아 모든 인간에게 영적으로, 육적으로 죽음이 찾아왔다.

셋째로, 인간의 생명은 피 안에 있다. 피가 육체의 생명 그 자체이다.

넷째로, 죄가 바로 인간의 이 피를 오염시키고 말았다. 그래서 모든 인간은 유전에 의해서 타락한 피를 가지고 태어난다.

다섯째로, 따라서 하나님이 보내 주시는 구세주는 거룩하고 죄 없는 분으로 이 땅에 오셔야만 한다.

여섯째로, 따라서 구세주는 아담의 후손이면서도 아담의 타락한 피를 갖지 않은 자로 오셔야 한다.

일곱째로, 이것이 예수 그리스도의 동정녀 탄생의 필연성을 초래했다.

이 의사의 입술을 통해서 증언된 예수 그리스도의 처녀 탄생의 필연성을 귀담아 들어 보십시오. 그렇습니다. 성경에서 그리스도인을 가리켜서 말할 때마다 주(主)의 피로 사신 하나님의 자녀라고 하고 교회를 향해서 그리스도께서 자신의 피로 사신 교회라고 말하는 것도 그리스도께서 동정녀에게서 나셨다는 것을 전제로 한 것입니다. 바울은 이렇게 말합니다.

"우리가 그리스도 안에서 그의 은혜의 풍성함을 따라 그의 피로 구속(救贖) 곧 죄 사함을 받았으니"(엡 1:7).

성경은 이렇게 예수 그리스도가 처녀의 몸에서 탄생하지 않으면 안 될 역사적이며 필연적인 이유들을 우리들에게 가르치고 있는 것입니다.

동정녀 탄생에 대한 믿음이 중요한 이유

왜 그리스도의 처녀 탄생을 성경 그대로 믿는 것이 중요합니까? 세 가지 이유를 들 수 있습니다.

첫째, 그것이 우리의 그리스도관을 결정하기 때문입니다.
벤자민 워필드라는 유명한 신학자는 이런 이야기를 했습니다.
"동정녀 탄생을 믿지 못하는 사람을 내게로 데리고 오라. 그 사람은 예수 그리스도가 하나님이라는 사실도 믿지 않을 것이다."
또 그는 그 반대의 이야기를 했습니다.
"예수님의 신성(神性)을 믿지 않는 사람을 내게로 데리고 오라. 그는 틀림없이 동정녀 탄생도 믿지 않는 사람일 것이다."

그렇습니다. 예수 그리스도의 하나님 되심을 믿는다면, 그 하나님이 역사와 시간 속에 들어오시기 위해서 그분에게 초자연적인 탄생이 필요했다는 사실을 믿는 데 아무런 어려움이 없을 것입니다.

또 동정녀 탄생을 믿는 사람은 예수 그리스도의 신성을 믿을 수 있습니다. 하나님이 육신을 입고 오셨다는 이 영광스러운 기독교의 근본 교리를 받아들일 수 있는 것입니다.

이렇듯 동정녀 탄생에 대한 믿음은 우리에게 예수 그리스도가 하나님이라는 사실을 믿는 믿음을 가져다 주기 때문에 중요한 것입니다.

둘째, 그것이 우리의 성경관을 결정하기 때문입니다.

동정녀 탄생을 안 믿는 사람은 틀림없이 성경도 안 믿을 것입니다. 성경을 믿는 사람은 틀림없이 동정녀 탄생을 믿을 것입니다. 생각해 보십시오. 만약 그리스도가 동정녀를 통해서 탄생하지 않았다면, 남의 말 하기 좋아하는 어떤 사람들의 이야기처럼 그리스도가 사생아로 태어나셨다면, 성경은 다 거짓이 되어 버립니다. 모세는 창세기 3장에서 거짓을 말했고 이사야 선지자는 이사야서 7장 14절 이하를 통해서 거짓말을 한 것입니다. 그리스도의 처녀 탄생을 기록한 마태의 증언도 거짓일 것이고, 누가의 증언도 거짓일 것이며, 무엇보다 이 성경을 기록하도록 배후에서 역사한 성령님도 거짓말을 한 것입니다. 결국 동정녀의 탄생을 거부하는 모든 사람은 성경을 거부해야 합니다.

당신은 성경을 받아들입니까? 그렇다면 당신은 처녀 탄생의 교리를 또한 동일하게 받아들일 수 있습니다. 그래서 매이첸 박사는 이렇게 말합니다.

"동정녀 탄생의 교리는 기독교 교리의 사활이 달려 있는 문제이다. 동정녀 탄생의 교리를 믿는 사람을 데려와 보라. 그는 그리스도를 구주와 주님으로 영접한 신실한 그리스도인임에 틀림이 없다."

옳습니다. 그리스도의 동정녀 탄생 교리는 우리의 성경관을 결정합니다. 이것을 거절하면, 성경을 버리게 되고 구원을 거절하게 되며 하나님을 거절하게 됩니다.

셋째, 그것이 우리의 세계관에 영향을 미치기 때문입니다.
철학자들이 세계관을 이야기할 때 보통 두 가지로 나눕니다. 「닫힌 세계관」과 「열린 세계관」이 그것입니다. 「닫힌 세계관」이라는 것은, 우리가 알 수 있는 세계의 모든 것을 이 세상 안으로 국한시킵니다. 그리고 이 세상 안에 있는 물질적인 모든 것, 그것이 삶의 전부라고 생각합니다. 그러나 「열린 세계관」을 가진 그리스도인들은 이 세상 밖으로까지 눈을 돌립니다. 그들은 역사와 삶의 의미는 이 우주 밖에 계신 창조주 하나님과의 관계 속에서만 밝혀질 수 있다는 철학을 가집니다.

당신은 역사에 대한 어떤 관점을 갖고 계십니까? 동정녀 탄생을 믿는 사람은, 전능하신 하나님이 초자연적인 방법으로 역사 속에 침투해 들어오셔서 한 인간으로 사셨고 구세주로서 십자가에 죽으셨으며 성경대로 부활하셔서 지금 우리의 살아계신 구주와 주님이 되신다는 것을 믿습니다. 이들은 역사에 대한 하나님의 경륜을 받아들이는 데 어려움을 느끼지 않습니다. 이렇게 동정녀 탄생에 대한 믿음은 그리스도인의 세계관에 영향을 미치는 것입니다.

예수 그리스도께서 성령님을 통해서 잉태되어 마리아의 몸을 빌어 탄생하셨다는 사실은 성경이 증언하는 역사적이고 영적인, 그리고 육체적인 사실입니다.

참된 신앙이란 무엇입니까? 사실을 사실대로 믿는 것이 신앙입니다. 사실이 분명한데 그 사실을 거절하고 안 믿는 것이 불신이고, 사실이 아닌 것을 사실처럼 착각하고 믿고 있는 것이 미신입니다. 성경에 의하면, 동정녀 탄생은 사실입니다. 우리는 성경의 거룩한 계시에 의해서 이 사실을 사실로 받아들였습니다. 우리는 우리가 수락한 이 사실에 근거하여 예수 그리스도의 탄생의 계절을 맞이하여, 아기 예수와 성경의 거룩한 증언과 하나님 앞에 이렇게 고백합니다.
"우리는 예수 그리스도의 처녀 탄생을 믿습니다."

당신은 그리스도의 동정녀 탄생을 믿으십니까? 전능하신 하나님을 믿는다면, 동정녀 탄생은 신앙의 걸림돌이 아니라 오히려 신앙의 축복이고 위로이며 하나님의 능력을 더욱 확인해 주는 사건입니다.

하나님이 오셨습니다. 역사와 시간 속에 찾아오셨습니다. 놀라운 방법으로, 초자연적인 방법으로 찾아오셨습니다. 그리고 그분은 내 죄를 대속하기 위해서 깨끗한 제물로 십자가에 달리셨습니다. 성탄의 진정한 의미는 십자가를 통해서 보아야 합니다. 골고다의 언덕을 떠나서는 베들레헴이 의미가 없습니다. 그분은 죽기 위해서 오셨습니다. 그분은 구속의 제물이 되기 위해서 찾아오신 것입니다. 그분 때문에 우리는 죄사함을 얻었고, 삶의 의미와 삶의 목적을 발견했습니다. 그리고 우리는 그분 안에서 하나님을 알게 되었습니다.

"오, 하나님. 이 놀라운 방법으로 이 세상에 찾아오시고, 그 하나님을 나에게 보여 주심을 감사합니다. 또한 이 땅의 수많은 사람들이 유한한 인간의 이성에 근거하여 이 진리를 받아들이지 못하고 있는데, 저로 믿을 수 있게 해 주시니 감사합니다. 지금까지 이것이 걸림돌이 되어 있었다면, 주님, 이제 저는 다시 성경으로 돌아가 그 거룩한 증언을 바탕으로 예수 그리스도의 처녀 탄생을 의심없이 신뢰하겠습니다. 그리고 육신을 빌어 이 땅에 오신 그 하나님을 바라보며 그 하나님을 나의 하나님으로 삼기를 원합니다. 그리고 이번 크리스마스가 주님 안에서 삶의 분명한 의미와 목적을 발견하는 크리스마스가 되기를 원합니다. 사랑하는 주님, 나의 구주가 되어 주시옵소서. 나의 주님이 되어 주시옵소서."

이 결정이 있을 때, 성탄절은 우리에게 새로운 의미로 다가오게 될 것입니다. 하나님이 육신을 입고 이 땅에 찾아오신 것과 그분이 내 구주가 되신 것을 진실로 감사드리는 기도를 하십시오.

11

예수님의 족보의 의미

본문에 나타난 주님의 족보에 이름을 붙인다면, 저는 「은혜의 족보」라고 붙이고 싶습니다. 우리 주님의 탄생은 그 자체가 인간에게 내리신 하나님의 은혜의 사건이라고 말할 수 있습니다. 주님의 탄생의 배경이 된 이 족보도 바로 하나님의 은혜의 기념비적 증거라고 말할 수 있습니다.

우리가 족보에 나타난 모든 인물들의 삶을 통해서 하나님의 은혜를 생각해 볼 수도 있지만, 한 인물 한 인물을 다 연구하자면 시간이 너무 많이 걸릴 것입니다. 그래서 특별히 중요하고도 두드러진 인물들과 사건들을 중심으로 예수님의 족보에 나타난 하나님의 은혜를 생각해 보고자 합니다.

아브라함과 다윗의 선택 속에 나타난 하나님의 은혜

1절을 보십시오.

"아브라함과 다윗의 자손 예수 그리스도의 세계(世系)라."
예수님의 족보에서 가장 중요하고도 두드러진 두 인물은 아브라함과 다윗입니다. 그래서 성경도 "아브라함과 다윗"의 자손인 예수 그리스도의 세계라고 말합니다.

● 아브라함

우리는 아브라함을 믿음의 조상이라고 부릅니다. 그러나 모든 면에서 아브라함의 삶이 신앙을 가지고 주님을 따라가는 그리스도인의 삶의 귀감이 되는 것은 아닙니다. 우리는 성경 도처에서 도저히 믿음의 조상다운 모습이라고 생각할 수 없는 아브라함의 실패와 타락의 흔적들을 찾아볼 수 있습니다.

아브라함의 생애 속에서 우리를 실망시키는 가장 중요한 사건이 있다면, 그것은 자기 아내를 누이라고 속이는 사건일 것입니다. 자기의 목숨을 유지하기 위해서 비겁하게 자기 아내에게 누이라고 거짓말하라고 종용하는 장면에서 우리는 너무나 어처구니없고 치사한 아브라함의 모습을 찾아볼 수 있습니다. 그런데 이 거짓말하는 것도 한 번이 아니라 두 번씩이나 그렇게 합니다. 한 번의 실수는 우리가 너그럽게 보아 줄 수 있습니다. 그러나 세월이 흐른 후에 다른 장소에서 전과 거의 동일한 실수를 반복하는 아브라함의 모습을 보고 우리는 얼마나 크게 실망하게 됩니까?

첫번째 실수가 창세기 12장에 나타납니다. 그리고 두번째 실수가 창세기 20장에 나타나는데, 이 사건은 우리에게 익숙하지 않을 지도 모릅니다. 창세기 20장 1절을 보십시오
"아브라함이 거기서 남방(南方)으로 이사하여 가데스와 술 사이 그랄에 우거하며."
창세기 12장을 보면, 아브라함이 처음 자기 아내를 누이라고 거짓 말하는 사건이 일어난 장소가 애굽 땅이었음을 알 수 있습니다. 그

러나 이제는 애굽이 아닙니다. 그랄이라는 장소입니다. 계속되는 말씀을 보십시오.

"그 아내 사라를 자기 누이라 하였으므로 그랄 왕 아비멜렉이 보내어 사라를 취하였더니."

거의 똑같은 거짓말이 반복되는 장면입니다.

우리는 아브라함을 지나치게 미화시킬 필요가 없습니다. 우리는, 아브라함이 우리보다 뛰어난 사람이기 때문에 그리고 우리와는 전혀 다른 특별한 신앙을 가진 사람이기 때문에 하나님이 그를 뽑아서 후세 사람들에게 믿음의 조상으로 삼으셨다고 쉽게 결론지을지도 모릅니다. 그러나 그것은 피상적인 관찰입니다. 앞에서 살펴본 것처럼, 아브라함의 생애에는 우리를 형편없이 실망시키는 인간적이고 죄인된 모습들이 있습니다. 이것은, 그가 뚜렷한 본을 보일 만한 사람이기 때문에 하나님의 선택을 받은 것이 아니라는 사실을 말해 줍니다. 아브라함이 하나님의 택함을 받은 것은 하나님의 은혜입니다. 『은혜』라는 낱말의 뜻은 "받을 자격이 전혀 없는 사람들에게 베풀어지는 일방적인 호의"입니다. 하나님께서는 아브라함의 삶의 모습이나 도덕성이나 신앙과는 상관없이 그를 뽑아서 믿음의 조상으로 세우셨습니다. 그렇기 때문에 이것은 은혜의 선택인 것입니다.

● **다윗**

다윗에게는 물론 훌륭한 점이 많습니다. 본받아야 할 요소도 많습니다. 그래서 하나님은 다윗에게 "하나님의 마음에 합한 사람"이라는 칭호를 주십니다.

그러나 다윗의 생애의 한 부분을 살펴볼 때, 우리는 아브라함 이상으로 그에게 큰 실망을 하게 됩니다. 다윗의 대표적인 범죄는 우리아의 아내였던 밧세바와 간음한 사건입니다. 그러나 그의 죄는 간음죄에서 끝나지 않았습니다. 그는 이 사건을 은폐하기 위해서 거짓말도 하고 살인도 합니다.

다윗은 또한 전쟁을 치르면서 무수한 인명을 학살했습니다. 그런 이유 때문에 하나님은, 다윗의 마음 속에 하나님의 성전을 건축하고 싶은 간절한 소원이 있었지만 그것을 허락하지 않으셨습니다.

이렇듯 다윗은 우리에게 존경을 받을 만한 특별하고도 위대한 삶을 살았던 인물이라고만은 이야기할 수 없습니다. 그럼에도 불구하고 이 다윗으로 하여금 메시야의 가계(家系)의 조상이 되게 하신 것은 오로지 하나님의 은혜입니다.

네 여인의 선택 속에 나타난 하나님의 은혜

족보에는 여자의 이름이 오르지 못하는 것이 보통입니다. 특별히 유대인들의 족보에는 더 그렇습니다. 그런 의미에서 이 족보는 그 자체가 유대인의 전통을 파괴하는 아주 예외적인 것이라고 말할 수 있습니다. 그러나 예수님의 족보에 여인들의 이름이 실렸다는 사실도 아주 신기하고 놀랍지만, 그들이 그렇게 훌륭한 여인들이 아니라는 사실이 우리를 더 놀라게 합니다. 네 명의 여인이 누구 누구입니까? 다말, 라합, 룻, 우리아의 아내입니다. 이 중에서 다말과 라합과 룻은 다 이방인입니다. 이제 각 여인들의 삶을 살펴봅시다.

● 다말

3절을 보십시오.

"유다는 다말에게서 베레스와 세라를 낳고…"

이 구절을 읽었을 때, 우리는 어떤 느낌을 갖게 됩니까? 다말이 유다의 부인인 것처럼 느끼게 됩니다. 그러나 창세기의 기사를 잘 관찰해 보면, 그들은 부부 사이가 아니라는 것을 알 수 있습니다. 본래 다말은 유다의 며느리입니다. 시아버지와 며느리 사이에서 낳은 자식, 이렇게 생각하면 사정이 대단히 복잡해집니다.

지금도 중동 지방에서는 여자들이 베일 같은 것으로 얼굴을 가리고 다닙니다만 당시에도 그랬습니다. 어느 날 유다는 자기의 며느리를 길거리의 창녀로 오해합니다. 그래서 다말에게로 들어가서 그녀로 잉태케 합니다. 석 달쯤 후에 유다는 과부인 며느리가 행음함을 인하여 잉태했다는 소식을 듣고 크게 흥분합니다.

"이런 년을 그대로 둘 수는 없다. 죽여야 하느니라. 불태워 죽여라."

유다가 그런 명령을 하니까 다말은 자신의 목숨을 구하기 위해서 그 아이가 자신의 시아버지의 아이라는 물적 증거를 제시합니다. 그래서 죽이라는 명령이 취소되고, 그녀를 통해서 베레스와 세라가 태어나게 되는 족보가 이어집니다. 이 이야기는 창세기 38장에 나옵니다. 이러한 배경을 가진 다말이 감히 예수님의 족보에 올랐던 것입니다.

● 라합

라합은 여리고에서 기생의 일을 하던 여자입니다. 이 '기생'이라는 번역이 사실은 굉장히 얌전한 번역입니다. 그것을 더 정확하게 번역하면 매춘부라고 해야 할 것입니다. 여리고의 매춘부였던 라합이 바로 예수님의 족보에 실려 있는 것입니다.

● 룻

룻은 예수님의 족보에 나오는 여인 중에서는 제일 현숙하고 아름다운 여자입니다. 그러나 우리는 룻에 대해 그렇게 좋게만 볼 수는 없습니다. 이 여인은 이방인으로서, 나오미의 아들이었던 말로의 처였습니다. 이방인이 이 족보에 실렸다는 자체가 하나의 기적입니다.

우리는 구약성경에서 이방인과의 결합이 하나님의 명령에 대한 얼마나 큰 불순종인가 하는 것을 알 수 있습니다. 신명기 7장 1절 이하의 말씀을 보십시오.

"네 하나님 여호와께서 너를 인도하사 네가 가서 얻을 땅으로 들이시고 네 앞에서 여러 민족 헷 족속과 기르가스 족속과 아모리 족속과 가나안 족속과 브리스 족속과 히위 족속과 여부스 족속 곧 너보다 많고 힘이 있는 일곱 족속을 쫓아내실 때에 네 하나님 여호와께서 그들을 네게 붙여 너로 치게 하시리니 그때에 너는 그들을 진멸할 것이라 그들과 무슨 언약도 말 것이요 그들을 불쌍히 여기지도 말 것이며 또 「그들과 혼인하지 말지니」 네 딸을 그 아들에게 주지 말 것이요 그 딸로 네 며느리를 삼지 말 것은"(1~3절).

하나님이 너무하시는 것 같습니다. 그러나 우리가 구약 역사 전체를 놓고 볼 때, 이 시기는 하나님께서 가나안이라는 새로운 땅에서 이스라엘 백성을 언약의 백성으로 삼는 시기입니다. 이때 하나님은 그들이 성별(聖別)된 백성으로 하나님과의 순결한 관계를 유지하기를 원하셨습니다. 그렇기 때문에 주변의 이방 문화 혹은 세속 문화에 영합하지 않기를 원하셨던 것이고, 이방인들과의 결합을 절대적으로 금하셨던 것입니다.

이방인과의 결혼을 금하신 하나님의 명령을 어기고 말론은 룻과 결혼을 한 것입니다. 이것은 분명히 불순종입니다. 룻의 개인적인 삶이 아무리 아름다웠다 해도, 그들은 하나님의 명령을 어긴 것입니다. 그런데 그녀가 예수님의 족보에 오르게 되었던 것입니다.

● 우리아의 아내

우리는 이 여자에 대해서 잘 알기 때문에 여기서는 길게 설명하지 않겠습니다. 그녀는 다윗과 간음했던 밧세바라는 여인입니다.

네 여인 중 세 여인이 이방인이었습니다. 또한 그들은 출신 성분도 그렇게 좋지 못했고, 그 당시 모든 사람들의 낯을 뜨겁게 했던 범죄를 저지른 장본인들이었습니다. 그들의 이름이 우리들의 구세주이신 예수 그리스도의 족보에 올라 있는 것을 당신은 어떻게 생각합니까? 우리 집안이 변변치 못할 때 우리는 가문에 대한 이야기를 피하려 하지 않습니까? 스탈린이 정권을 잡자마자 제일 먼저 한 일 중의 하나가 자기 국민학교 동창생들을 다 죽인 일이라고 합니다. 자기의 낯뜨거운 어린 시절의 모습을 알고 있는 친구들이 있다는 사실만으로도 불안해서 견딜 수가 없었던 것입니다.

사람들은 자기의 과거의 상처를 숨기고 싶어합니다. 그런데 예수님의 그 놀라운 족보에는 추하고 어두운 과거를 가진 여인들의 얼굴이 등장합니다. 그 이유는 무엇입니까? 당신은 왜 하나님께서 이 파격적인 사건을 허용하셨다고 생각합니까? 그것은 한 마디로 은혜입니다. **이런 자들을 통해서 오신 예수님이 바로 진정한 의미에서 죄인들의 구세주가 되신다는 사실을 보여 주기 위한 엄청난 은혜의 사건인 것입니다.**

마리아의 선택 속에 나타난 하나님의 은혜

본문에 보면, 예수님의 족보에 속한 여인이 한 사람 더 있다는 것을 알 수 있습니다. 16절을 보십시오.
"야곱은 마리아의 남편 요셉을 낳았으니 마리아에게서 그리스도라 칭하는 예수가 나시니라."
마리아는 평범한 여성입니다. 적어도 예수님을 낳았다는 사실을 제외하고는 말입니다. 우리는 마리아가 예수님의 어머니였다는 이유로 그녀를 상당히 미화시키는 경향이 있습니다. 특별히 로마 카톨릭이 이런 오류에 자주 빠집니다. 마리아를 우상화하기 위한 작업이 카톨릭의 역사를 통해서 많이 진행되어 왔는데, 그 밑바닥에는 "마리아가 「위대하신 예수님」의 어머니이기 때문에 그녀 자신도 위대한 여인일 것이라는 전제"가 깔려 있는 것입니다. 그들은 마리아가 위대한 여인이기 때문에 하나님께서 그녀를 선택하셨다고 생각하는 것 같습니다.

카톨릭 역사에 보면, 성경에서 인정하지 않는 마리아 우상화의 교리들이 진행되어 온 것을 알 수 있습니다. 대표적인 두 가지 교리가 있는데, 그 중 하나는 마리아의 「무죄 잉태설」입니다. 예수님만 죄가 없었던 것이 아니라 예수님을 잉태한 마리아도 죄가 없는 여자라는 이야기입니다. 이것이 성경에 의해 뒷받침될 수 있습니까? 또 하나의 교리는 마리아의 「승천설」입니다. 예수님만 승천하신 것이 아니라 마리아도 죽음을 경험하지 않고 그냥 승천했다는 이야기입니다.

센트메리 대학(St. Mary College, Maryland) 뒤쪽에 동산이 하나 있는데, 그곳에 올라가면 아주 아름다운 산책로가 있습니다. 거기에는 걸으면서 볼 수 있도록 예수님의 생애를 조각해 놓은 그림들이 전시되어 있습니다. 그리고 그림 아래에는 앉아서 명상할 수 있도록 의자가 놓여져 있습니다. 그런데 그 산책로는 두 갈래 길입니다. 뒤쪽 길로 가 보면, 마리아가 죄 없이 예수님을 잉태하는 장면으로 그림이 시작됩니다. 그리고 맨 마지막은 예수님의 승천으로 끝나는 것이 아니라 마리아가 승천하는 것으로 끝납니다. 재미있는 것은 그 사이에 나오는 예수님의 생애에 대한 그림 밑에는 성경 구절이 나오는데, 마리아가 나오는 처음과 맨 마지막의 그림에는 성경 말씀이 없고 교황이 한 말이 기록되어 있다는 것입니다. 성경 말씀으로는 그것이 결코 정당화될 수 없기 때문입니다.

성경은 어떻게 가르치고 있습니까? 누가복음 1장을 보십시오. 우리가 마리아를 나쁜 여자로 강조하려는 것은 결코 아닙니다. 다만 카톨릭이 주장하는 것처럼 그렇게 우상화될 만한 굉장한 여인은 아니라는 점을 밝히고자 하는 것입니다. 누가복음 1장 26절 이하에 보면, 천사가 나타나서 마리아에게 주는 멧세지가 기록되어 있습니다.

"여섯째 달에 천사 가브리엘이 하나님의 보내심을 받들어 갈릴리 나사렛이란 동네에 가서 다윗의 자손 요셉이라 하는 사람과 정혼한 처녀에게 이르니 그 처녀의 이름은 마리아라 그에게 들어가 가로되 「은혜를 받은 자여」 평안할지어다 주(主)께서 너와 함께하시도다 하니"(26~28절).

여기에서 천사는 마리아를 가리켜서 어떤 사람이라고 선언했습니까?

"은혜를 받은 자여."

마리아는 은혜를 받아야만 했던 여인이고 또 은혜를 받았던 여인입니다.

그러나 오늘날 카톨릭에서는 이 마리아가 「은혜를 받은 여자」가 아니라 「은혜를 주는 여자」로 되어 있습니다. 마리아가 기도와 경배의 대상이 되고 있고, 그녀를 통해서 은혜가 오는 것처럼 생각하고 있습니다. 그러나 성경은 마리아를 그렇게 묘사하지 않습니다. 그녀는 아름다운 여인입니다. 그러나 우상화될 수 있는 대상은 아닙니다. 우리 모두가 하나님의 은혜를 필요로 하는 사람인 것처럼, 마리아 역시 하나님의 은혜를 필요로 했던 은혜의 수혜자일 뿐입니다. 그녀는 결코 은혜를 수여(授與)하는 사람은 아닙니다.

누가복음 1장 46절 이하를 보십시오. 이 부분은 「마리아의 찬가」라고 불리는 유명한 마리아의 찬양의 노래입니다. 이것은 마리아 자신의 노래이면서 고백이라고 말할 수 있습니다.

"마리아가 가로되 내 영혼이 주(主)를 찬양하며 내 마음이 하나님

내 구주를 기뻐하였음은"(46, 47절).

마리아에게도 구세주가 필요했습니다. 인간적으로 예수님이 마리아의 아들인 것은 사실이지만, 그러나 그분은 동시에 마리아의 구세주였습니다. 마리아의 찬양 가운데에서도 이 사실이 분명하게 고백되고 있습니다. 이 이야기는 다시 말하면 마리아도 죄인이라는 사실입니다. 죄인이기 때문에 구세주를 필요로 했던 것입니다.

카톨릭에서는 마리아를 하나님의 어머니라고 말할 정도로 그녀를 높입니다. 예수님이 하나님이시니까 그분을 낳은 마리아는 하나님의 어머니라는 것입니다. 그러나 이것은 단순히 예수님을 낳은 어머니라는 사실에 관한 존경스러운 높임의 표현이 아니라 경배의 대상으로서의 마리아를 지칭하고 있는 것입니다. 이것은 교리의 왜곡이며, 비성경적인 마리아 우상화에 불과합니다.

마리아는 구세주를 필요로 했던 사람이고, 은혜를 요구하고 있던 한 평범한 인간에 불과했습니다. 그렇다면 이 이름없는 한 평범한 여인이 선택된 이유는 무엇일까요? 그리고 그 여인을 통해서 구세주가 오신 이유는 무엇일까요? 저는 그것이 수많은 이름없는 사람들의 구세주로서 오신 예수님에 관한 가장 아름다운 상징적 선택이었다고 믿습니다. 우리는 이 마리아의 선택을 통해서도 하나님의 은혜를 볼 수가 있습니다. 하나님께서는 이 사건을 통해서 우리에게 은혜로 다가오신 자신의 모습을 보여 주고 계신 것입니다.

우리는 지금까지 이 족보를 통해서 하나님의 은혜를 확인했습니다. 첫째는 아브라함과 다윗의 선택을 통해서였고, 둘째는 네 명의 여인들의 선택을 통해서였고, 셋째는 마리아의 선택을 통해서였습니다. 이제 이스라엘 역사 전체에 하나님의 은혜가 어떻게 나타났는지 살펴보기로 합시다.

이스라엘 역사에 나타난 하나님의 은혜

본문 17절을 보십시오.

"그런즉 모든 대(代) 수가 아브라함부터 다윗까지 열네 대요 다윗부터 바벨론으로 이거한 때까지 열네 대요 바벨론으로 이거한 후부터 그리스도까지 열네 대러라."

이것은 메시야의 조상의 역사적 계보를 설명하는 기록으로 이스라엘의 역사를 크게 세 시기로 나누고 있습니다. 첫번째 시기는 아브라함부터 다윗 때까지입니다. 두번째 시기는 다윗부터 바벨론에 포로로 끌려갈 때까지입니다. 세번째 시기는 바벨론 포로 시기부터 예수께서 태어나실 때까지입니다. 이 각 시기가 열네 대(代)라고 말합니다. 사실을 따져 보면, 정확하게 열네 대는 아닙니다. 이것은 이스라엘의 전체 역사를 편리하게 세 시기로 나누기 위한 구분에 불과합니다. 우리가 역사를 나눌 때 보통 고대사, 중세사, 근세사로 나누는 것과 마찬가지로 이스라엘 백성들은 자기네의 역사를 이렇게 크게 세 시기로 나누는 것이 보편적인 습성입니다.

그런데 이 각각의 시기가 이스라엘 백성들에게 어떤 의미가 있는 것일까요?

● 아브라함부터 다윗까지

이때는 한 마디로 **방황과 노예**의 시기입니다. 얼마나 많은 방황이 있었습니까? 아브라함, 이삭, 야곱의 생애를 추적해 보면 이들이 이곳에서 저곳으로 끊임없이 방황하는 애닯은 모습을 보게 됩니다. 그리고 그 이후에 모세를 중심으로 한 역사는 포로의 역사입니다. 노예의 역사입니다. 우리는 성경에서 이스라엘 백성들이 애굽 땅에서 노예로서 당하는 서러운 모습들을 볼 수 있습니다.

● **다윗부터 바벨론으로 이거(移居)할 때까지**

물론 다윗 왕의 시대는 반짝 빛나는 시기였고 또 솔로몬 왕의 통치 초기도 아름다운 시기라고 말할 수 있습니다. 그러나 다윗으로부터 바벨론의 포로에 이르는 전체 시기는 **하나님께 대한 불순종과 실패**라는 말로 설명할 수 있습니다. 사실은 다윗이 왕위에 오르기 전부터, 즉 첫번째 왕이었던 사울의 때부터 벌써 하나님의 뜻에 대한 불순종의 역사는 진행되고 있었습니다. 끊임없는 불순종과 거듭되는 실패가 바로 이 시기를 대표하는 이스라엘 민족사의 이미지라고 말할 수 있습니다.

● **바벨론으로 이거한 후부터 그리스도까지**

이때는 **포로와 좌절의 시기**입니다. 메시야를 통한 구원의 희망만이 유일한 한 줄기 빛이었습니다.

제가 세 시기의 특징이라고 하면서 사용한 이 단어들은 한 위대한 랍비 역사가가 직접 이스라엘 역사의 세 시기를 설명할 때 사용하던 것들입니다. 방황과 노예의 시기, 불순종과 실패의 시기 그리고 포로와 좌절의 시기로 구성된 이스라엘의 역사는 결국 고난의 역사입니다. 어두움의 역사입니다.

하필이면 이런 민족을 택하셔서 이들 가운데 예수님이 오신 이유는 무엇일까요? 이스라엘 민족이 특별히 위대한 민족이기 때문일까요? 아닙니다. 어떤 의미에서는 이스라엘 민족이 가장 위대하지 않은 민족이라서 하나님이 그들을 선택하셨는지도 모릅니다. 위대한 민족을 통해서 위대한 분이 오시면, 본래 위대한 민족이니까 위대한 분인 예수님을 낳았다고 말하게 될지도 모릅니다. 예를 들어서 그 당시 세계 최대의 강국인 로마에서 예수님이 오셨다고 생각해 보십시오. 사람들은 당연히 위대한 로마가 위대한 구세주를 낳았다고 말할 것입니다. 그러나 슬픔과 오욕과 좌절과 방황의 역사를 가진 이스라엘 민족을 통해서 예수님이 오셨기에 그것이 신비한 것입니다.

이런 배경을 모르는 사람이 성경을 접하게 되면, 흔히 다음과 같은 질문을 던집니다.
"배달 민족인 우리 한국 사람이 이스라엘 역사인 성경을 공부해야 합니까?"
그러나 그런 식으로 생각할 필요가 없습니다. 여기에서 하나님의 은혜를 읽을 수 있어야 합니다. 철저히 버림받았던 민족, 고난과 죄악의 어두운 역사를 살아 왔던 민족, 이 민족을 선택하신 이유는 "죄가 더한 곳에 은혜가 더욱 넘쳤다"는 로마서의 말씀과 연관시켜서 이해할 수 있습니다. 범죄와 흑암의 이스라엘 역사 속에서 하나님이 일하셨을 때, 우리는 그 속에서 그분의 놀라우신 은혜를 확인할 수 있는 것입니다.

"쥬"(Jew)라는 말은, 지금 우리 시대 뿐만 아니라 이미 바벨론 포로 시대부터 이스라엘 백성들을 경멸하는 뜻의 욕설이었습니다. 그 천한 민족, 그 버림받은 민족, 그 경멸받는 민족, 왜 이런 민족을 선택하셨을까요? 그곳에서 메시야가 나셨다는 것은 참 놀라운 사실입니다. 우리는 여기에서 하나님의 은혜를 발견해야 합니다. 그러니까 예수님의 족보를 형성하고 있는 사람들의 생애 속에 나타난 하나님의 은혜뿐 아니라 이스라엘 민족사 전체에 나타난 하나님의 은혜를 발견할 수 있어야 하는 것입니다. 이것은 은혜의 족보입니다. 그러기에 우리는 나 같은 죄인에게 찾아오신 예수님의 은혜 앞에 아멘으로 응답할 수 있는 것입니다.
나는 적어도 이들보다 낫다고 생각하는 사람은 예수님과 상관이 없는 사람들입니다. 이 사람들과 다를 바 없이 내 삶은 고난이었습니다. 방황이었습니다. 범죄였습니다. 어둠이었습니다. 그런데 주께서 나를 구원하셨습니다. 그리고 나를 하나님의 자녀로 삼아 주셨습니다. 이것이 놀라우신 하나님의 은혜입니다.

예수님의 탄생 배경이 설명되고 있는 마태복음의 첫머리 족보에서 죄인된 인간을 참으시고 그들의 범죄와 어둠에도 불구하고 그들을 구원하시려는 하나님의 은혜의 의지와 사랑을 볼 수 없다면, 우리는 성경을 읽지 못하고 있는 것입니다. 이 서곡과 함께 크리스마스의 무대가 열립니다. 그리고 예수님이 오십니다. 이것이 이 계절의 멧세지입니다.

이천 년 전 그 어둠과 고난의 역사 속에 죄인들의 죄인됨을 보시고도 그들의 구세주로 기쁘게 역사 속에 오셨던 예수님, 그 예수님이 지금 나 같은 죄인의 구세주요 주님으로 계십니다. 이스라엘의 구주일 수 있었던 그 주님이 바로 나의 구주가 될 수 있다는 이 놀라운 은혜를 묵상하며 그분께 감사드리십시오. 그리고 평생 은혜의 주님을 찬양하고 섬기면서 은혜의 복음을 증거하는 삶을 살아가게 도와 달라고 기도하십시오.

12

마태복음 2장, 누가복음 2장

구주 탄생의 준비와 증언

이 번 장에서는 우리 구주 예수 그리스도 탄생 당시의 시대적인 상황과 크리스마스의 진정한 의미에 대해서 성경을 통해 같이 살펴보기로 하겠습니다.

구주 탄생 당시의 시대적 상황

예수께서 이 땅에 태어나셨을 때, 예수님을 둘러싸고 있던 시대적인 배경은 어떠했는가? 당시의 세계는 어떠한 역사적 흐름 속에 있었는가? 이것에 대한 연구는, 그리스도께서 왜 오셨으며 왜 그때를 선택하셨는가 하는 그리스도 탄생에 관한 진정한 의미를 이해하는 데 큰 도움이 될 수 있습니다.

예수님이 탄생하셨을 때 「종교적인 면」에서는 히브리 사람들의 유대교가, 「문화적인 면」에서는 헬라 사람들의 헬레니즘 문화가, 「정치적인 면」에서는 로마 사람들의 로마 철학이 세계를 지배하고 있었습니다. 이제 그때의 역사적인 상황을 좀더 구체적으로 이해하기 위해 세 가지 상황들을 각각 살펴보겠습니다.

● 히브리 사람들의 종교적 기여

히브리 사람들은 유대교를 통해서 그리스도의 탄생에 종교적 기여를 하고 있었는데, 세 가지 면에서 그렇습니다.

첫째/유일신관(有一神觀)의 전파

『유일신관』이란 "하나님은 한 분밖에 없다"라는 사상입니다. 우리가 잘 아는 대로 로마나 헬라의 종교는 다신론적(多神論的)인 종교들입니다. 그러한 다신론적인 풍토와 문화 속에서 유대인들은 유일신 사상을 가지고 나아갔던 것입니다. 그들은 이 유일신 사상을 전파함으로써 살아계신 한 하나님이 어느 날 역사 속에 육신을 입고 찾아오셨다는 복음의 사건을 받아들일 수 있는 역사적인 분위기를 만들어 나갔던 것입니다.

둘째/구약성경의 전달

이스라엘 백성들은 어디든지 구약성경을 가지고 가서 율법을 가르쳤습니다. 이것은 기독교 신앙의 배경이 되는 구약성경을 이해할 수 있는 충분한 역사적인 준비가 진행되어 왔다는 것을 의미합니다.

셋째/회당의 건설

이스라엘 백성들은 이르는 곳곳마다 교육과 종교 의식의 중심지였던 회당을 세웠습니다. 예수님과 사도 바울도 주로 회당에서 복음을 많이 전했습니다. 그러므로 이스라엘 백성들이 이렇게 회당을 건립했다는 것은 장차 복음을 전할 장소로 사용될 건물을 지었다는 의미인 것입니다.

유명한 유대의 역사가인 요세푸스는 『고대 풍물』이라는 자신의 책에서 "그 당시 유대인들은 문자 그대로 세계 어디에나 있었다"고 기록했습니다. 그만큼 유대인들은 그 당시의 세계 전역에 흩어져 있었습니다. 우리는 이 흩어진 이스라엘 민족들을 가리켜서 '디아스포라의 민족'이라고 말합니다. 우리가 잘 아는 대로 B.C. 722년과 B.C. 586년 두 차례에 걸쳐서 유대와 이스라엘 민족들에게 커다란 역사적 분산이 있었습니다. 그 사건 이후로 이스라엘 민족들은 앗시리아와 바벨론을 통해서 전 세계로 계속해서 흩어져 갔던 것입니다. 당대의 문화 중심지 치고 유대인들이 없었던 장소가 없었고, 또 그들은 발길이 닿는 곳마다 유일신관을 전파하고 구약성경을 전달했으며 회당을 건립했던 것입니다. 유대인들의 이러한 종교적 영향을 통해서 그리고 특별히 나중에 그리스도인이 된 유대인 그리스도인에 의해서 많은 사람들에게 신약성경이 전달되었고, 기독교의 복음이 전 세계에 확산될 조용한 준비가 역사를 통해서 계속되어지고 있었던 것입니다.

예수님은 히브리인들의 종교적인 기여로 형성된 이러한 역사적 분위기 속에서 바야흐로 오시려 하고 있었습니다.

● 헬라 사람들의 문화적 기여
헬라 사람들은 그 당시 세계에 어떤 문화적 기여를 하고 있었는가? 그것이 예수님의 탄생과 어떤 관계가 있는가?

헬라 사람들이 그 당시의 세계에 기여한 바는 두 가지로 생각해 볼 수 있습니다. 하나는 헬라 문화를 퍼뜨렸다는 것이고, 또 하나는 헬라어를 그 당시의 세계 모든 사람들이 알 수 있도록 했다는 것입니다.

우리는 마게도냐의 유명한 왕인 필립을 잘 압니다. 필립을 모르

는 사람은 더러 있을지 몰라도 필립의 아들 알렉산더를 모르는 사
람은 아마 없을 것입니다. 알렉산더는 20세가 되기 전에 이미 대제
의 칭호를 얻을 만큼 유명한 정복의 군주였습니다. 그는 서쪽인 마
게도냐에서 동쪽인 인더스 강에 이르는 광대한 지역을 점령했습니
다. 다시 말하면 그 당시 세계 전역을 점령했던 것입니다. 그 당시
의 전 세계를 정복했던 이 알렉산더 대왕은 더 정복할 땅이 없어서
눈물을 흘렸다고까지 합니다.

알렉산더는 그 당시의 세계를 하나로 통일하면서 두 가지 일을
했습니다. 알렉산더와 그의 군대가 이르는 곳마다 헬라 문화를 퍼
뜨렸고, 헬라어를 사용하도록 했던 것입니다.

그 당시의 전 세계가 알렉산더 한 사람의 통치 아래 들어가면서
헬라어를 사용하게 되었다는 것은 어떤 의미가 있습니까? 만일 그
렇지 않았다면, 성경을 번역하여 각 나라 말로 전파하기 위해서 얼
마나 더 많은 수고를 했어야 했겠습니까? 그러나 알렉산더의 통치
아래 있는 사람들이 헬라어를 사용하게 됨으로써 신약성경을 받아
들일 수 있는 역사적 준비가 이루어지게 되었던 것입니다.

또한 세계는 알렉산더 대왕의 정복 행위와 함께 하나의 문화권
으로 좁혀지고 있었습니다. 세계의 많은 도시들이 알렉산더 대왕의
이름을 따서 자기들 도시의 이름을 명명하고 싶어했습니다. 그래서
알렉산드리아라는 도시가 세계 도처에 생겨나게 된 것입니다.

알렉산더의 이상(理想)은 한 마디로 말해서 전 세계를 하나의
세계로 만들자는 것이었습니다. 알렉산더의 이상, 이것은 우연한 것
이 아닙니다. 알렉산더의 정복 행위 배후에는 역사의 수레바퀴를
돌리는 하나님의 손길이 있었던 것입니다. 세계가 하나의 문화권으
로 좁혀져 가고 한 언어를 사용하기 시작하면서, 예수 그리스도의

이 땅에 오심을 전하는 헬라어로 씌어진 신약성경(복음)을 받아들일 수 있는 역사적 준비가 이루어졌던 것입니다.

● 로마 사람들의 정치적 기여

로마인들은 그 당시의 세계에 두 가지 중대한 기여를 했습니다. 법과 질서에 의한 평화와 세계적인 도로 건설이 그것입니다. 우리는 로마 사람들이 그 당시 세계에 기여했던 것과 예수 그리스도의 오심이 어떤 관련이 있는지 생각해 보아야 하겠습니다.

우리는 앞에서 B.C. 2세기에 지중해를 중심으로 등장한 광대한 정치 세력인 알렉산더 대왕의 활약을 생각해 보았습니다. B.C. 330년에 알렉산더 대왕이 페르시아 제국을 멸망시킨 후, 세계는 완전히 달라지기 시작합니다. 세계가 하나로 좁혀지기 시작한 후에 등장하는 정치적 세력이 바로 로마입니다. 로마 사람들의 정치 철학은 한 마디로 말해서 "힘에 의한 평화"입니다. 그들은 그 전략으로 카르타고를 점령하고 헬라, 소아시아까지 그리고 마침내 예수님의 고향 땅인 팔레스틴까지 정치적 세력을 뻗치게 되었습니다.
이러한 배경을 염두에 두고, 역사가 로마와의 정치적 연관 속에서 어떻게 예수 그리스도의 오심을 준비하게 되는지 살펴보도록 합시다.

누가복음 1장 5절을 보십시오.
"유대 왕 헤롯 때에 아비야 반열에 제사장 하나가 있으니…"
헤롯이라는 정치인이 등장합니다. 그는 로마에서 임명한 팔레스틴의 분봉왕이었습니다.

조금 더 나아가서 누가복음 2장 1절을 보십시오.
"이 때에 가이사 아구스도가 영을 내려 천하로 다 호적하라 하였으니."

이것은 로마의 정치 세력이 팔레스틴에 영향을 미치고 있다는 것을 알려 주고 있습니다. 여기에 등장하는 가이사 아구스도는 바로 시이저 아우구스투스입니다. 이 사람은 B.C. 27년부터 A.D. 14년까지 황제였습니다. 이 사람이 로마의 지배 아래에 있는 모든 땅에 있는 사람들은 다 호적을 해야 한다는 명령을 내립니다.

  호적을 하기 위해서 요셉과 마리아가 고향으로 가게 됩니다. 아구스도 황제가 호적하라고 법적인 명령을 내린 것은 결코 우연한 것이 아닙니다. 세속 역사들은 이러한 역사적 사건의 배후에 있는 하나님의 손길을 보지 못합니다. 그러나 이러한 사건들은 우리 하나님의 섭리와 직결되어 있었습니다. 역사는 우연히 맹목적으로 돌아가고 있는 것이 아니라 하나님의 위대한 계획과 엄청나고 놀라운 섭리에 의해서 이루어져 가고 있습니다. 그러므로 세계의 역사는 하나의 섭리사라고 말할 수 있습니다.

  요셉과 마리아가 명령에 따라 호적을 하러 갑니다. 그들이 베들레헴에 도착했을 때 갑자기 마리아의 배가 아파 왔습니다. 우연일까요? 우리는 이런 모든 상황의 배후에 있는 하나님의 놀라운 손길을 볼 수 있어야 합니다.

  누가복음 3장 1절에 보면, 그 다음 로마 황제 한 사람이 또 등장합니다.
"디베료 가이사가 위(位)에 있은 지 열다섯 해…."
시이저 디베료, 그는 A.D. 14년부터 37년까지 통치했습니다. 바로 이 황제의 통치 아래서 팔레스틴의 지방 장관, 다시 말하면 팔레스틴의 총독이 임명됩니다. 그 총독의 이름이 바로 빌라도입니다. 성경은 엄격한 역사적 사실에 근거해서 기록되고 있는 것입니다. 본디오 빌라도 총독은 A.D. 27년부터 37년까지 재임(在任)하게 됩니다. 그 기간 중에 우리 구주 예수 그리스도의 그 놀라운 십자가 사건이 발생하게 됩니다.

이렇게 로마는 "힘에 의한 평화"라는 정치 철학으로 세계를 지배했습니다. 이러한 그들의 철학이 공헌한 것 중에 하나가 법과 질서의 확립입니다.

그들은 정치적인 막강한 힘을 가지고 전 세계를 하나로 묶을 수 있는 법을 만들었고, 전 세계 모든 사람들이 복종해야 할 질서를 만들었습니다. 이 법과 질서에 의해서 세계에 평화가 왔습니다. 실로 오랜만의 평화였습니다. 예수님이 탄생할 무렵의 세계는 일찍이 인류 역사상 경험할 수가 없었던 아주 평화스러운 시기였습니다. 이 시기를 가리켜서 우리는 "로마에 의한 평화"(Pax Romana/B. C. 27년 – A.D. 180년)라는 이야기를 합니다. 사실 전쟁의 시대에는 복음이 잘 전파될 수가 없습니다. 아무래도 복음은 평화로운 환경 속에서 더 잘 전파될 수 있습니다. 이러한 평화 속에서 역사는 바야흐로 오실 예수 그리스도를 맞이할 준비를 하고 있었던 것입니다.

로마의 황제들이 시험한 또 하나의 중요한 정책은 전 세계가 다 통할 수 있는 하나의 길을 닦는 일이었습니다. 그들은 자기들의 편의를 위해서 도로를 닦았는지 모릅니다. 정확히 말하면 그들은 군사적인 목적에서 그 도로를 건설했습니다. 그러나 시이저가 군사적인 목적으로 만든 이 길은 장차 1세기에 바울 사도와 예수 그리스도의 전도자들이 뛰어다니기 위한 길을 준비하고 있었던 것입니다. 이 얼마나 아름다운 역사의 아이러니입니까?

이제 예수님이 오실 모든 준비가 다 갖추어졌습니다. 바야흐로 세계는 정치적으로 안정되었고, 복음 전파를 위한 편리한 교통망이 형성되었습니다. 또 세계는 하나의 말을 쓰기 시작했고, 하나의 문화권 속에 다 들어왔습니다. 그런데 이때 로마에 일련의 중대한 변화가 일어나고 있었습니다. 평화로운 가운데서 차츰 정치적인 불안의 징조가 싹트기 시작했던 것입니다.

역사적으로 어떤 때에 복음이 제일 잘 전파되었습니까? 우선 평화스럽고 안정된 상황이어야 합니다. 그러나 평화와 안정만 있어서는 복음이 잘 전파되지 않습니다. 평화스럽고 안정되어 있으면서도 왜 그런지 불안할 때, 그때 복음이 제일 잘 전파됩니다. 요즘 한국에 복음이 잘 전파되고 있는 것도 바로 그러한 시대적 분위기와 관련이 있는 것입니다. 오늘날의 이 정치적인 분위기는 그 당시 로마의 정치적인 분위기와 통한다고 할 수 있습니다.

그러면 로마에 일어났던 중대한 변화란 어떤 것일까요? 우선 도덕적인 퇴폐 현상이 확산되어 가고 있었습니다. 그러면서 수많은 헬라 신과 로마 신들의 이름들을 불렀지만, 그것이 그들의 인생의 문제를 해결하지 못한다는 것을 확인하게 되었습니다. 영적인 혼란이 거듭되는 가운데 사람들은 깊은 방황을 하게 됩니다.

이제 갈라디아서 4장 4절을 보십시오.
「때가 차매」 하나님이 그 아들을 보내사 여자에게서 나게 하시고 율법 아래 나게 하신 것은:」
"때가 찼다"고 했습니다. 이것은 종교적, 문화적, 정치적, 상황이 완벽하게 준비된 때, 사람들이 겉잡을 수 없이 방황하면서 목마르게 무엇인가를 요구하고 있었을 때, 복음을 받아들일 가장 좋은 상황이 준비되었을 때를 말합니다. 이것이 바로 구주 탄생의 역사적 상황입니다. 이제 우리 구주 예수 그리스도께서 역사 속에 탄생하십니다.

구주 탄생의 참모습

이제 우리는 사복음서를 중심으로 해서 예수 그리스도의 탄생의 참모습을 생각해 보려고 합니다. 사복음서는 우리 구주 예수 그리스도의 탄생과 그분의 생애를 소개하고 있습니다. 사복음서가 공통적으로 예수 그리스도에 초점을 맞추고 있지만, 그 관점은 각각 다릅니다. 각 복음서는 예수 그리스도의 생애의 어떤 면을 특별히 강조하고 있습니까?

 마태복음은 예수 그리스도를 「**왕**」으로 소개하고 있습니다. 그러나 **마가복음**에서는 「**여호와의 종**」으로 찾아오신 예수 그리스도의 모습이 소개됩니다. 그 다음에 **누가복음**에 나타난 예수 그리스도의 모습은 「**인자**」(**人子**)의 모습입니다. 그래서 누가복음에는 인자라는 말이 많이 나옵니다.
"인자의 온 것은 잃어버린 자를 찾아 구원하려 함이니라"
(눅 19:10).
누가는 예수 그리스도의 인간적 생애의 모습을 가장 정확하고 자세히 관찰해서 기록했습니다. 우리가 그리스도의 생애를 역사적으로 관찰하려고 할 때 제일 중요한 자료가 되는 복음서가 누가복음입니다. 마지막으로 **요한복음**에 나타난 예수 그리스도의 모습은 「**하나님의 아들**」로서의 모습입니다.

 요한계시록 4장에서 사도 요한은 하나님의 어린양과 하나님의 보좌를 옹위하고 있었던 네 생물을 본 것을 기록합니다. 그런데 7절에 보면 이때 본 네 생물이 사자, 송아지, 사람, 독수리의 모습으로 나타납니다.
 성 어거스틴은 요한계시록 4장 7절에 근거해서 대단히 재미있는 관찰을 했습니다. 즉, 하나님의 보좌를 옹위하고 있던 네 생물의 모습은 바로 이 역사 속에 찾아오신 하나님의 모습을 나타내 주는 네

가지 유형이라고 생각했던 것입니다.

　성경학자들은 어거스틴의 분류를 따라서 사복음서에 별명을 붙였습니다. 즉, 마태복음은 「사자 복음」, 마가복음은 「송아지 복음」, 누가복음은 「사람 복음」, 요한복음은 「독수리 복음」이라고 했습니다.

　사자는 밀림의 왕자입니다. 그러니까 왕이신 그리스도를 묘사한 마태복음과 연결됩니다. 송아지는 장차 커서 죽을 때까지 일합니다. 마가복음에 나타난 예수 그리스도의 모습은 철저하게 일하는 종의 모습입니다. 마가복음에서 제일 많이 나타나는 단어는 "곧", "즉시"라는 단어들입니다. 마가는 잠시 쉴 겨를도 없이 바쁘게 일하시고 뛰어다니시는 활동인으로서 예수님의 모습을 그리고 있습니다. 그래서 마가복음의 별명이 송아지 복음인 것입니다. 누가복음의 별명은 사람 복음입니다. 예수 그리스도의 꿈 많은 십대 시절은 다른 복음서에는 나타나지 않고 오직 누가복음에만 나타납니다. 열두 살 된 소년이 예루살렘에 올라가는 모습, 우시는 예수님, 배고파하시는 예수님, 이렇게 예수님의 인간적인 모습을 가장 잘 보여 주고 있는 것이 누가복음이기 때문에 사람 복음이라는 별명을 가지게 된 것입니다. 요한복음의 별명은 무엇입니까? 독수리 복음입니다. 독수리는 하늘의 왕자로서 높게 날아다닙니다. 그것은 초월자로서의 예수 그리스도의 모습입니다. 요한복음에서는 신성(神性)을 가지신 하나님의 아들로서의 예수님의 모습에 초점을 맞추고 있습니다.

　이제까지 한 것을 다시 정리하면, 마태복음은 "예수 그리스도는 누구이신가"에 초점을 맞춰서 만왕의 왕이라는 사실을 강조합니다. 마태복음 2장 1절에 보면, 동방의 박사들이 와서 "유대인의 왕으로 나신 이가 어디 계시뇨"라고 묻는 것을 볼 수 있습니다. 그러나 예수께서는 단순히 유대인의 왕만은 아닙니다. 저는 어렸을 때 크리스마스의 찬송을 부르면서 늘 불만이 있었습니다.

"왜 이스라엘의 왕으로만 나시고 대한민국의 왕으로 나시지는 않았는가?"

그러나 예수께서는 팔레스틴 땅에서부터 복음 전파를 시작해서 이 복음을 받아들이는 모든 영토의 왕이 되고자 하십니다. 그분은 궁극적으로 만왕의 왕이신 것입니다.

마가복음은 "예수 그리스도께서는 무엇을 행하셨는가?"에 초점을 맞추었습니다. 예수께서 하나님의 종으로 오셔서 어떤 일을 하셨는가를 보여 주는 것이 마가복음의 기록 목적입니다.

누가복음은 "예수 그리스도께서 인간으로서 어떻게 사셨는가?"의 관점에서 기록한 것입니다.

반면에 요한은 "예수 그리스도께서는 무엇을 가르치셨는가?"에 중점을 두고 요한복음을 기록했습니다. 그분은 우리에게 하나님을 보여 주시고, 영생 얻는 길을 보여 주셨습니다. 그것이 요한복음의 초점입니다.

사복음서를 공부하는 사람들이, 각 복음서마다 같은 사건을 조금씩 다르게 기록하고 있다는 사실 때문에 자주 당황하곤 합니다. 성미가 급한 사람이나 지나치게 지성적인 사람들은 성경에 오류가 있다고 결론지어 버립니다. 그러나 그렇게 쉽게 결론을 내려서는 안 됩니다. 우리는 "사복음서의 모든 내용들이 어떠한 관점과 동기에서 기록되었는가"라는 점에서부터 출발해야 합니다. 이 사복음서를 깊이 연구하면, 이것들은 서로 모순된 내용을 다룬 것이 아니라 오히려 완벽한 하나의 조화를 이루고 있다는 것을 볼 수 있습니다.

퇴계로 4가 네거리에서 교통 사고가 발생했습니다. 사고가 나자마자 각 신문사에서 기자들이 달려왔습니다. 동아일보 기자가 제일 먼저 달려와서 트럭과 승용차가 부딪친 장면을 사진에 담았습니다. 그 다음에 온 조선일보 기자는 사람들이 피를 흘리며 쓰러져 있고 간호원들이 다친 사람들을 차에서 끌어내리고 있는 장면을 찍었고, 조금 늦게 온 중앙일보 기자는 사고 현장이 어느 정도 정리된 후에 거기 모인 사람들이 서서히 흩어지기 시작하는 장면을 찍었습니다. 그리고 사건이 났다는 소식을 제일 늦게 들은 한국일보 기자가 현장에 도착했을 때는 아무것도 없었습니다. 그저 도로에 핏자국만 있을 뿐입니다. 그래서 그는 그 피흘린 흔적을 카메라에 담았습니다.

이튿날 아침 신문에 이 사건이 보도되었습니다. 네 신문사의 보도를 보고서 멍청한 사람들은 "왜 똑같은 사건인데도 이렇게 사진이 다르지? 아무것도 믿을 수가 없군" 하고 말하면서 그 사건을 무효라고 선언합니다. 그러나 그렇지 않습니다. 이 네 신문사의 보도와 사진을 다 모을 때, 우리는 이 사건의 전모를 알 수 있습니다.

어떤 복음서에 보면 십자가에 매달린 강도 둘이 다 예수님을 욕했다고 기록하고 있습니다. 그러나 또 어떤 복음서에 보니까 둘 중에 한 사람만 욕하고 한 사람은 오히려 예수님을 변호하는 모습을 나타냅니다. 왜 서로 틀릴까요? 성경이 잘못된 것일까요? 아닙니다. 둘이 다 욕하다가 한 사람이 마음에 놀라운 변화를 일으키기 시작합니다. 조화의 관점에서 성경을 보는 사람들에게는 이러한 차이가 별 문제가 되지 않습니다. 우리는 사복음서의 기자가 서로 다른 관점에서 그리스도의 생애를 조명하고 있다는 사실을 잊지 말아야 합니다.

제가 이 이야기를 하는 이유는, 사복음서의 모든 기사들을 모을 때 그리스도의 탄생과 생애를 전체적으로 이해할 수 있게 된다는 것을 말하기 위함입니다. 어떤 신학자는 이 사복음서를 가리켜서 "복음 4중창"이라고 불렀습니다. 즉, 사복음서가 내는 각각의 소리가 놀랍게 조화를 이루어서 하나의 멧세지를 노래한다는 이야기입니다. 그 하나의 멧세지란 우리 구주 예수 그리스도의 멧세지입니다.

　사복음서에 나타난 그리스도의 네 가지 모습, 즉 왕과 종과 사람과 신 중에서 제일 족보가 필요한 대상은 누구입니까? 왕에게 족보가 필요합니까? 절대적으로 필요합니다. 종에게 족보가 필요합니까? 요즘은 필요할지 모릅니다. 그러나 그때에는 필요하지 않았습니다. 특별히 로마 사람들의 관습에 따르면, 종도 훌륭한 일을 하고 업적을 세우면 자유인이 될 수 있었습니다.

　사실 마태복음은 유대인들을 의식하고 씌어진 것입니다. 마가복음은 로마인들을, 누가복음은 헬라 사람들을, 요한복음은 모든 세계의 사람들을 의식하고 씌어진 것입니다. 그래서 유대인들을 대상으로 씌어진 마태복음이 유대인의 왕으로서의 예수님의 모습을 추적하고 있는 것입니다. 마태복음을 기록한 마태는 유대인 세리로서, 특별히 유대의 역사를 잘 알고 있는 사람인 것입니다.

　로마 사람들에게는 예수님이 어떤 족보를 갖고 있느냐 하는 것이 전혀 상관이 없습니다. 로마인들에게는 오직 그가 어떤 업적을 세웠는가 하는 것이 문제가 될 뿐이었습니다. 그래서 마가복음에서는 예수님이 어떤 일을 행하셨는가라는 점에 초점이 맞추어진 것입니다.

　누가복음은 헬라 사람들을 의식하고 씌어진 것인데, 그들은 인간에게 초점을 맞추고 있는 인본주의 문화의 배경을 가지고 있는 사람들입니다. 예수님은 어떤 인간이었는가? 그래서 누가는 헬라 사람들에게 예수 그리스도가 참으로 사람이라는 사실을 소개하고 있는 것입니다.

왕에게는 족보가 필요하지만 종에게는 요구되지 않는다고 했습니다. 그러면 사람에게는 필요합니까? 필요합니다. 그러면 그 다음에 묻습니다. 하나님에게 족보가 필요합니까? 필요치 않습니다. 그래서 예수님의 족보는 마태복음과 누가복음에만 기록되어 있는 것입니다. 다시 말하면 예수님의 탄생을 이야기하려면 족보가 있어야 하는데, 족보를 배경으로 한 예수님의 탄생 기록을 다루고 있는 것은 사복음서 중에 마태복음과 누가복음밖에는 없다는 이야기입니다.

우리는 마태복음과 누가복음에서만 예수님의 탄생 기사를 볼 수 있는데, 문제는 두 복음서에 나오는 족보가 서로 다르다는 사실입니다. 마태복음 1장에 나오는 족보는 왕의 족보로서, 예수님이 유대인의 왕의 혈통을 이어받았다는 사실을 강조하기 위한 것입니다. 또 그것은 법적인 족보입니다. 그러나 누가복음에 나오는 족보는 예수님에게서부터 아담과 하나님까지 올라가는 족보로서, 유대인의 족보가 아니고 전 인류적인 족보입니다. 또 이것은 사람으로서의 족보입니다. 이러한 사실은 누가복음이 사람의 복음이라는 것을 기억할 때 충분히 이해가 되는 것입니다.

이러한 배경을 염두에 두고 마태복음과 누가복음에 나온 내용을 비교해 봅시다.

● 마태복음에 나타난 구주 탄생 기사

마태복음 2장을 잘 읽어 보면, 예수님을 제외하고 주역으로 등장하는 인물들이 있습니다. 바로 동방의 박사들입니다. 한 가지 묻습니다. 예수님의 탄생과 관련하여 누가복음에는 있는데 마태복음에는 없는 것들이 무엇입니까? 마태복음에는 목자들의 이야기가 나오지 않습니다. 또 말 구유에 대한 언급도 없습니다. 크리스마스 카드에 보면 간혹 말 구유 앞에 동방 박사가 서 있고 그 옆에 목자들도 같이 서 있는 모습이 그려져 있습니다. 그러나 그것은 성경적인 내용이 아닙니다.

　마태복음은 왕의 복음입니다. 왕에게 말 구유나 목자들이 어울립니까? 어울리지 않습니다. 그러나 '동방의 박사들과 왕' 하면 잘 어울리는 것 같습니다. 또 동방 박사들이 예물로 드린 황금과 유향과 몰약도 왕의 이미지에 아주 잘 어울리지 않습니까? 이렇게 마태복음에는 왕의 모습에 어울리는 사건들만이 다루어지고 있다는 사실을 주목하십시오.

　마태복음 2장 11절을 보십시오.
"집에 들어가 아기와 그 모친 마리아의 함께 있는 것을 보고 엎드려 「아기께」 경배하고…"
동방의 박사들이 집에 들어가 구유에 누워 있는 아기를 본 것이 아닙니다. 여기에는 구유라는 말조차 없습니다. 그냥 아기라고만 기록되어 있습니다. 그런데 이 아기라는 말이 누가복음에 나타난 아기라는 단어와는 다른 의미로 사용되고 있습니다. 영어 성경 흠정역(King James Version)에 보면, 마태복음의 "아이"라는 말이 "baby"가 아니라 "young child"로 번역되어 있습니다. 즉, 조금 어린 아기라는 이야기입니다.

　한 가지 묻습니다. 동방의 박사가 모두 몇 사람입니까? 세 사람입니까? 누가 그렇게 말합니까? 세 사람이라 생각하고 있다면 당신은 성경의 말씀을 들은 것이 아니라 전설과 찬송가에 귀를 기울인 것입니다. 마태복음 2장 1절을 보십시오.
"헤롯 왕 때에 예수께서 유대 베들레헴에서 나시매 동방으로부터 「박사들이」 예루살렘에 이르러 말하되."
복수로 기록되어 있기 때문에 두 사람 이상인 것은 사실이지만, 세 사람인지 어떤지는 정확히 알 수 없습니다. 이 동방 박사들이 낙타를 타고 왔습니까? 그랬을지도 모릅니다. 그러나 그렇지 않을 수도 있습니다. 성경은 이것에 대해 전혀 말하지 않았습니다.

또 하나 묻습니다. 동방의 박사들이 산을 넘고 물을 건너서 베들레헴까지 찾아왔습니까? 아니면 계속해서 별을 따라서 왔습니까? 마태복음 2장 2절을 보십시오.
"유대인의 왕으로 나신 이가 어디 계시뇨 우리가 동방에서 「그의 별을 보고」 그에게 경배하러 왔노라."
여기서 "보고"라는 단어는 과거로 쓰였습니다. 즉, "별을 보았다. 그래서 여기에 경배하러 왔다"는 이야기입니다. 메시야가 이스라엘에서 탄생할 것이므로 동방 박사들이 그 수도인 예루살렘까지 찾아왔는데, 이스라엘 어디에서 메시야가 나셨는지는 잘 몰라서 묻는 장면입니다. 이에 선지자들이 가르쳐 주었습니다. 5절입니다.
"가로되 유대 베들레헴이오니…."
그 다음 9절을 보십시오.
"박사들이 왕의 말을 듣고 갈새 동방에서 보던(보았던) 그 별이 문득 앞서 인도하여 가다가 아기 있는 곳 위에 머물러 섰는지라."
그 별은 베들레헴 상공에서 다시 나타난 것입니다. 즉, 베들레헴까지는 왔지만 예수님이 어디에 계신지는 모르는 상황에서 동방에서 보았던 그 별이 나타난 것입니다. 10절을 보십시오.
"저희가 별을 보고 가장 크게 기뻐하고 기뻐하더라."
계속 별을 보면서 왔다면 그렇게 갑자기 기뻐할 필요가 어디에 있겠습니까? 여기서 동방 박사들이 계속해서 별을 따라온 것은 아니라는 사실이 분명해집니다. 베들레헴 상공에서 그 별이 나타나서 동방 박사들을 인도합니다. 예수님이 계신 곳까지 인도합니다.

자, 그러면 마태복음 2장에 나타난 사건을 어떻게 이해해야 옳을까요? 이 별은 물론 동방 박사들이 맨 처음 보았던 그 별입니다.

그리고 그들이 이 별을 처음 보았을 때는 예수님이 탄생하시는 순간이었을 것입니다. 그렇습니다. 성경을 알고 하늘을 연구하던 동방 박사들이 하나님의 놀라우신 인도에 의해서 그 별이 구약성경 민수기 24장 17절에 예언된 야곱의 별, 메시야의 별이라는 것을 발견하고 메시야의 출생을 알았을 것입니다.

그러면 페르시아에서 온 이 동방 박사들이 예루살렘까지 오는데 얼마나 걸렸을까요? 그 당시에는 교통이 불편해서 예루살렘에 오는 데는 상당한 시간이 필요했을 것입니다. 어떤 학자들은 그 시간을 짧게 6개월부터 길게 2년까지 잡습니다. 상당한 시간이 흐른 그때에도 아기가 구유에만 누워 있어야 합니까? 그때에도 사람들이 여관에 꽉 차 있을까요? 우리는 상황이 상당히 바뀌었다는 것을 생각해야 합니다.

그런데 재미있는 것이 있습니다. 2장 7절을 보십시오.
"이에 헤롯이 가만히 박사들을 불러 별이 나타난 때를 자세히 묻고."

헤롯이 왜 별이 나타난 때를 물었습니까? 유대인의 참 메시야가 언제 탄생했는가를 알기 위해서입니다. 그러면서 무엇이라 말합니까?

"베들레헴으로 보내며 이르되 가서 아기에 대하여 자세히 알아 보고 찾거든 내게 고하여 나도 가서 그에게 경배하게 하라."

진심입니까? 아닙니다. 헤롯 왕은 왕이 탄생했다는 말을 듣고 "경쟁자가 등장했구나"라는 생각을 하고는 그 왕을 죽이려는 흉계를 꾸몄던 것입니다. 그러나 하나님은 이 흉계를 미리 아시고 탄생한 아기 예수님의 부모에게 지시를 내리십니다. 13절을 보십시오.

"저희가 떠난 후에 주(主)의 사자(使者)가 요셉에게 현몽하여 가로되 헤롯이 아기를 찾아 죽이려 하니 일어나 아기와 그의 모친을 데리고 애굽으로 피하여 내가 네게 이르기까지 거기 있으라 하시니.”

하나님께서 요셉에게 미리 피하라고 명하셨기 때문에 헤롯의 계획은 수포로 돌아갔습니다. 16절을 보십시오.
“이에 헤롯이 박사들에게 속은 줄을 알고 심히 노하여 사람을 보내어 베들레헴과 그 모든 지경 안에 있는 사내아이를 박사들에게 자세히 알아 본 그때를 표준하여 「두 살부터 그 아래로」 다 죽이니.”
왜 “두 살부터 그 아래로” 죽이라고 했을까요? 메시야로 탄생하신 그 아기가 틀림없이 두 살 미만일 것이라는 판단이 섰기 때문일 것입니다. 여기에서 우리는 마태복음 2장에 나타난 사건이 상당한 시간이 경과된 뒤의 일이라는 것을 이해할 수 있게 됩니다.

● **누가복음에 나타난 구주 탄생 기사**
누가복음 2장 1절에서 20절까지를 잘 읽어 보면 마태복음과 그 상황이 많이 다르다는 것을 알 수 있습니다. 2장을 공부하기 전에 먼저 3장 23절 이하의 족보를 생각해 봅시다.
“예수께서 가르치심을 시작할 때에 삼십 세쯤 되시니라 사람들의 아는 대로는 요셉의 아들이니 요셉의 이상(以上)은 헬리요 그 이상은 맛닷이요…”(23, 24절).
계속 올라가서 38절을 보십시오.
“그 이상은 에노스요 그 이상은 셋이요 그 이상은 아담이요 그 이상은 하나님이시니라.”
이것은 이스라엘의 족보가 아닙니다. 이스라엘 민족의 족보는 아브라함부터 시작해야 하는데, 이 족보는 아브라함 위에까지 올라갑니다. 이것은 인간의 족보입니다. 누가복음은 예수님을 이스라엘과만 연관시키는 것이 아니라 인류의 구세주로서 보여 주고 있는 것입니다.
마태복음과 누가복음에 나타난 족보는 서로 어떤 차이가 있는가? **누가복음의 족보는 예수님의 육체적인 혈통, 즉 마리아의 혈통을 따라 올라간 족보입니다.** 누가복음 3장 23절에 나오는 헬리라는 사람은 요셉의 장인, 즉 마리아의 아버지입니다. 사실 육체적으로 말하자면, 예수님은 요셉과는 전혀 관계가 없습니다. 그래서 마리아의 혈통을 따라 올라가서 아담까지 그리고 하나님까지 연결된 것입니다. **그러나 마태복음에 나타난 족보는 법적인 족보입니다. 법적으로 말하자면, 예수님은 양부인 요셉의 혈통을 따라 올라가야 합니다.** 이 족보는 아브라함에서부터 시작해서 왕의 혈통인 다윗과 솔로몬을 통해서 요셉까지 연결됩니다. 이것은 법적인 족보이면서 왕으로서의 족보입니다.

이렇게 마태복음과 누가복음에 나타난 족보가 서로 다른 것은 두 복음서가 각각 왕으로서의 예수님의 모습과 인간으로서의 예수님의 모습을 강조하려는 의도에서 씌어졌기 때문입니다.

누가복음의 족보에 관련된 이러한 배경을 염두에 두고 2장 1절 이하를 보십시오. 여기에는 동방 박사도, 왕을 찾는다는 이야기도, 황금과 유향과 몰약 이야기도 나오지 않습니다. 5절 이하를 보십시오.
"그 정혼한 마리아와 함께 호적하러 올라가니 마리아가 이미 잉태되었더라 거기 있을 그 때에 해산할 날이 차서 맏아들을 낳아 강보로 싸서 구유에 뉘었으니 이는 사관(舍舘)에 있을 곳이 없음이러라"(5~7절).
7절에서 우리는 탄생하신 아기가 구유에 뉘여 있는 모습을 봅니다. 그 다음에 8절을 보십시오.
"그 지경에 목자들이 밖에서 밤에 양떼를 지키더니."

예수님은 베들레헴에서 탄생하셨고, 목자들은 베들레헴 밖에 있었습니다. 이때 목자들에게 어떤 일이 일어났습니까?

"주(主)의 사자(使者)가 곁에 서고 주의 영광이 저희를 두루 비취매 크게 무서워하는지라 천사가 이르되 무서워 말라 보라 내가 온 백성에게 미칠 큰 기쁨의 좋은 소식을 너희에게 전하노라 오늘날 다윗의 동네에 너희를 위하여 구주가 나셨으니 곧 그리스도 주시니라… 지극히 높은 곳에서는 하나님께 영광이요 땅에서는 기뻐하심을 입은 사람들 중에 평화로다 하니라 천사들이 떠나 하늘로 올라가니 목자가 서로 말하되 이제 베들레헴까지 가서 주께서 우리에게 알리신바 이 이루어진 일을 보자 하고 빨리 가서 마리아와 요셉과 구유에 누인 아기를 찾아서 보고 천사가 자기들에게 이 아기에 대하여 말한 것을 고하니 듣는 자가 다 목자의 말하는 일을 기이히 여기되"(8〜18절).

이제 흩어 놓았던 퍼즐의 조각들을 다시 모아 봅시다. 어느 날 페르시아의 상공에 유달리 아름답게 빛나는 별 하나가 갑자기 나타났습니다. 어떤 사건이 일어났습니까? 메시야가 베들레헴에서 탄생하신 것입니다. 그것을 동방에 있던 박사들이 보았습니다. 그들은 곧 먼 여행을 떠났습니다.

한편 베들레헴 지경 바깥에 있던 목자들은 갑자기 그들을 둘러 비취고 있는 영광의 빛을 보게 되고 천사들의 노래 소리를 듣게 됩니다. 그리고 오늘날 다윗의 동네에 우리의 구주가 탄생하셨다는 소리를 듣습니다. 목자들은 그 이야기를 듣자마자 즉시로 아기를 찾아갑니다. 그리고 구세주가 탄생한 사실을 기뻐하면서 떠나갑니다.

그 후 많은 시간이 흐릅니다. 6개월 혹은 그 이상의 많은 시간이 흘러간 후에 동방에서 출발했던 박사들이 예루살렘에 도착합니다. 그들은 예수님이 이스라엘에서 탄생하신다는 사실을 알았기 때문에 팔레스틴 땅까지는 찾아왔습니다. 그런데 문제는 팔레스틴의 어디인지를 모른다는 것입니다. 그래서 물어 보았던 것이고, 선지자들의 대답을 듣고 베들레헴까지 내려온 것입니다. 그때에 동방에서 보았던 별이 등장했습니다. 그 별은 자라난 예수님이 있는 그곳까지 박사들을 인도했습니다. 그곳은 예수님이 태어나신 마굿간이 아닌 것입니다. 동방 박사들은 집에 들어가서 예수님 앞에 황금과 유향과 몰약을 드리고 경배를 드립니다.

이제 크리스마스의 신화를 벗을 수 있습니까? 동방의 박사들과 목자들이 나란히 있는 그림이나 목자들이 무엇을 바치는 그림이 그려져 있는 성탄 카드들은 잘못된 것입니다. 성경은 그렇게 이야기하지 않습니다.

성탄을 맞는 우리의 자세

우리는 이렇게 탄생하신 예수님을 어떻게 대하여야만 합니까? 마태복음의 초점은 "그분은 왕이시다"라는 것입니다. 우리는 왕 되신 주님 앞에 나아와서 경배하지 않으면 안 됩니다. 누가복음의 멧세지는 예수께서 참 사람으로 오셨다는 것입니다. 그래서 여기에는 경배가 나타나지 않습니다. 그러나 우리는 참 인간이신 예수님의 뒤를 따라갈 필요가 있습니다. 그분은 우리의 모본이 되십니다.

저는 예수님의 오심을 생각할 때마다 반드시 기억하는 사실이 있습니다. 당신은 성경에서 "성탄을 축하하라"는 말씀을 잃어 본 적이 있습니까? 성경에는 그런 말씀이 없습니다. 그러면 축하하지 말라는 말씀이 있습니까? 없습니다. 그러니까 축하해도 무방합니다. 그러나 제가 말하려는 초점은 성경에 예수님의 출생을 기억하라는 말은 없지만 예수님의 죽으심을 기억하라는 말은 있다는 점입니다. 성만찬의 의미는 어디에 있습니까? 고린도전서 11장 24절을 보십시오.

"이것을 행하여 나를 기념하라."

십자가 위에서 우리를 위해서 돌아가신 예수님, 그분의 죽으심을 기억하라고 말씀합니다. 제가 왜 이런 말씀을 드리는지 아십니까? 예수님의 탄생을 축하하는 일은 좋은 일입니다. 그러나 만약 그리스도의 죽으심을 떠난 출생 그 자체만 기뻐한다면, 그것은 의미가 없습니다. 예수님은 왜 탄생하셨습니까? 그분은 죽으시기 위하여, 구속(救贖)의 제물로서 그 자신의 몸을 십자가에서 드리시기 위해서 오신 것입니다.

　십자가를 떠난 크리스마스는 그 진정한 의미를 상실하게 됩니다. 다시 말하면, 성탄절은 예수께서 죽으시기 위해 오신 날입니다. 나를 위해서 대신 죽으시려고 예수께서 오신 날, 이 깊은 성탄의 의미를 묵상하며 맞이하는 크리스마스가 되시기를 바랍니다.

망망한 바다 한가운데서 배 한 척이
침몰하게 되었습니다.
모두들 구명보트에 옮겨 탔지만
한 사람이 보이지 않았습니다.
절박한 표정으로 안절부절 못하던 성난 무리 앞에
급히 달려 나온 그 선원이
꼭 쥐고 있던 손바닥을 펴 보이며 말했습니다.
"모두들 나침반을 잊고 나왔기에…"
분명, 나침반이 없었다면 그들은 끝없이 바다 위를
표류할 수밖에 없을 것입니다.

삶의 바다를 항해하는 모든 이들을 위하여
우리는 그 나침반의 역할을 하고 싶습니다.
우리를 구원하신 아름다운 주님을
21세기 문명의 이기(利器)를 통하여
널리 전하고 싶습니다.

우리 나침반 가족은
구원의 복음과 진리의 말씀을 전하며
당신의 믿음 성장과 삶을, 가정을, 증거를,
그리고 당신의 세계를 돕고 싶습니다.

그리스도 안에서
우리는 당신을 진실로 사랑합니다.

"하나님은 모든 사람이 구원을 받으며
진리를 아는 데 이르기를 원하시느니라."
(디모데전서 2장 4절)

테리 홀 성경 안내서들

성경의 거대한 맥을 잡게 해 주는 책!

▣ 성경 종합 개관

성경의 전체적 조망을 말씀들의 긴밀한 연관관계, 조화를 통해 보여 줍니다. 많은 그림들을 사용하여 성경 진리의 유기적 연관성과 그에 따른 하나님과 사람과의 교제에 대한 한 폭의 변화를 보여 줍니다.

크라운판 / 182면

성경의 중심 내용을 관통해 주는 책!

▣ 특급 구약 관통

구약의 각 사건들과 인물들과 시가서의 내용을 일괄되게 흐름을 잡아 줍니다(중고등부, 대학부 성경공부 교재로 좋적).

신국판 / 168면

▣ 특급 신약 관통

복음서와 서신서들의 상관관계, 중심 메시지를 특이한 기억법으로 소개해 줍니다(중고등부, 대학부 성경공부 교재로 좋적).

신국판 / 180면

개인 성경공부의 지름길을 제시해 주는 책!

▣ 성경을 읽고 공부하는 77가지 방법

개인이 스스로 성경을 읽고 그 중심 개념을 파악할 수 있는 77가지 방법을 제시해 줍니다.

신국판 / 80면

제자와 실력을 갖춘 성경교사로 만들어 주는 책!

▣ 일류교사가 되는 방법

주일학교와 성경공부반에서 참의적이고 재치있게 가르치기를 원하는 교사들을 위한 탁월한 지침서입니다.

신국판 / 160면

성경을 재미있게 공부하는 방법을 제시해 주는 책!

▣ 성경을 좀더 재미있게 공부하는 방법

거대한 자원의 책인 성경에서 더 많은 보화를 얻는 성경공부 방법을 제시해 줍니다. 베리칩을의 탁월한 성경공부 방법을 종합대성한 책!

신국판 / 232면

테리홀 (Terry Hall): 미국 노쓰센트럴 대학에서 문학사/달라스 신학교에서 신학석사)은 성경 교육에 참조적인 시청자 자료 사용을 설명하는 단체인 미디어 선교회의 부회장이다. 그는 무디 성경 학교에서 10년간 가르친 바 있다.

삶의 신비

삶의 모순 속에 감추어진 진리

스테이시 패드릭 지음

삶은 이해할 수 없는 신비로 가득하다. 그러한 삶을 살아가면서 우리는 많은 의문과 고민 속에 빠지게 된다. 그에 대한 해답이 여기에 있다.

행복한 나무

어른들을 위한 동화

글 · 정원준 그림 · 최경락

하늘과 별과 바람, 나무, 물고기, 그리고 사람을 통해 하나님의 마음을 느낄 수 있게 해주는 일곱 가지의 아름다운 동화.

슬픔은 희망의 전주곡입니다

왜 내게 아픔을 허락하시는가?

James R. White 지음

인간이라면 필연적으로 겪을 수밖에 없는 상실과 그로 인한 슬픔 속에서 겪게 되는 다양한 감정들에 바르게 대처하고 수용하는 법을 제시한다.

단순한 치유기도

치유를 위한 단순한 여덟 가지 기도 방법

매튜 린, 쉐일러 패브리칸트 린, 데니스 린 공저

이 책에 제시된 8가지 치유기도법은 어린아이도 쉽게 따라할 만큼 단순하지만, 지성인도 관심을 가질 만큼 깊이가 있다! 우리는 당신이 이 단순한 기도 방법을 통해 인간을 치료하시는 하나님의 사랑을 주고 받을 수 있게 되길 바란다.

파인애플 스토리

하나님께 맡기는 방법 ▌분노를 극복하는 방법 · IBLP

많은 그리스도인들이 헌신과 희생을 외치지만, 진정한 헌신과 희생의 삶이 부재한 상태로 그저 일상적인 신앙생활에 젖어 있다. 그렇다면 진정한 헌신과 희생이란 무엇인가? 한 선교사가 겪었던 이 짧은 체험담을 통해 분명한 깨달음을 얻을 수 있을 것이다.

이글 스토리

죄의 유혹을 물리치는 방법 ▌죄의 습관을 정복하는 방법 · IBLP

이 책은 한 마리의 독수리 이야기를 통해 죄의 유혹에 빠져드는 우리의 나약한 모습에 대해 경종을 울려 준다. 책을 통해 제시하는 방법대로 훈련하면 당신은 어느 순간엔가 한층 더 성숙해 있는 자신의 모습을 발견할 것이다.

지저스 이즈 히어

"예수라면 어떻게 하실까?"의 15년 후 이야기 · 찰스 M. 쉘던 지음

예수님이 갑자기 당신이 살고 있는 곳에 나타나신다면 어떤 놀라운 일이 일어나겠는가? 이 질문을 통해 쉘던은 또 한 번 우리의 무감각한 신앙을 자극시킨다!

욥의 기도

하나님께 연단받고 갑절의 축복을 받은 욥의 신앙의 비밀은? · 산드라 퀘린 지음

지금 어떤 문제로 고난과 시련을 겪고 계십니까? 결국 욥은 시련 후에 드린 기도를 통해 회복을 얻었고 갑절의 축복과 자유를 받았습니다. 욥의 기도를 통해 그 비밀을 배웁시다!

성탄을 준비하셨습니까?

지 은 이 | 이동원
발 행 인 | 김용호
발 행 처 | 나침반출판사

제 1판 발행 | 1990년 12월 1일
제14판 발행 | 2006년 4월 15일

등   록 | 1980년 3월 18일 / 제 2-32호
주   소 | 110-616 서울 광화문 사서함 1641호
전   화 | 본 사 (02)2279-6321~3
          영업부 (031)932-3205
팩   스 | 본 사 (02)2275-6003
          영업부 (031)932-3207

홈 페 이 지 | **www.nabook.net**
이 메 일 | nabook@korea.com
          nabook@nabook.net

ISBN 89-318-1043-1
책번호 마-1157

값은 뒷표지에 있습니다.

나침반출판사는 우리를 구원하신 아름다운 주님을
21세기 문명의 이기(利器)를 통하여 널리 전하고 싶습니다.